Braem
Fleischfressende Pflanzen

Guido J. Braem

Fleischfressende Pflanzen

Arten und Kultur

AUGUSTUS

Der Autor: Dr. Guido J. Braem, Jahrgang 1944, lebt in Lahnau-Waldgirmes; Biologe mit Spezialgebiet systematische Botanik; Leiter des Schlechter-Instituts und Mitglied der Wissenschaftsakademie Kaliforniens; weitere Publikationen: Monografien über verschiedene Orchideengattungen, ca. 120 wissenschaftliche Beiträge in der Fachpresse.

Umschlagfotos:
Foto vorne: *Dionaea muscipula*
Foto hinten oben: *Nepenthes Hybr.*
Foto hinten unten (klein): *Drosera rotundifolia*
Foto hinten (groß): *Drosera capensis*

Bildnachweis:
Fowlie, J.: S. 13, 14, 74, 116; Kalb, S. 29; Lecoufle, M.: S. 70; Maier, E.: S. 21 (2×), 24 links, 56 links, 59, 78/79, 82 oben links, 83, 86, 101; Neudecker, T.: S. 4/5, 60/61, 61, 62; Wedemeyer, U.: S. 7, 8/9, 18, 22 (2×), 23 (2×), 25, 28, 30, 30/31, 33, 38, 77, 84, 90, 93, 104, 111, 122; alle anderen Bilder vom Autor.

Die Deutsche Bibliothek – CIP-Einheitsaufnahme

Ein Titeldatensatz dieser Publikation ist bei der Deutschen Bibliothek erhältlich.

2., durchgesehene Auflage
Augustus Verlag München 2002

Umschlaggestaltung: Herbert & Herbertsfrau, Augsburg
Umschlagfoto(s): Hans Reinhard (vorne, hinten groß und 2. v. o., Nils Reinhard (hinten oben)
Zeichnungen: Elisabeth Jansen
Gesetzt aus der 10/11½ pt. Concord von Uhl + Massopust, Aalen
Reproduktion: Fotolitho Longo, Bozen
Druck und Bindung: Druckerei Appl, Wemding
Gedruckt auf chlorfrei gebleichtem Papier
Printed in Germany

ISBN 3-8043-7249-X

Inhalt

Vorwort

Fleischfressende Pflanzen faszinieren Menschen schon seit Jahrhunderten. Auch ich staunte, als ich mit etwa acht Jahren in Storms „Flora von Deutschland“ (Ausgabe von 1905) – meinem Lieblingskinderbuch – ein Bild des Rundblättrigen Sonnentaus und eine Beschreibung entdeckte. In einem kleinen Moor am Rande Hamburgs fand ich bald den Sonnentau und versuchte, mit kleinen Stöckchen und Kiefernnadeln die Drüsenhaare zu reizen.
Während der Schulzeit lernte ich auch das Fettkraut und den Wasserschlauch kennen, die ja ebenfalls in Deutschland zu finden sind. Am meisten verwunderte mich damals, daß Pflanzen verschiedener Familien ähnliche „Tricks“ anwandten, um auf ihren mageren Standorten zusätzliche Nahrung zu erlangen.
Auf Reisen in den letzten zwanzig Jahren sah ich in anderen Erdteilen noch viele Fleischfressende Pflanzen. Am meisten beeindruckten mich die üppigen *Nepenthes* am Mount Kinabalu auf Borneo und in Neu-Kaledonien und die zarten *Utricularia* in den sandigen Lagunen Bahias in Brasilien.
In diesem Buch finden sich all diese Arten. Sowohl der Botaniker als auch der interessierte Laie werden diese sorgfältige und derzeit vollständigste Zusammenstellung Fleischfressender Pflanzen schätzen. Sie enthält überdies ausführliche Informationen über die jeweilige Entdeckungs- und Forschungsgeschichte und Anleitungen zur Pflege dieser interessanten Pflanzen.
Da in Deutschland heute alle Fleischfressenden Pflanzen – und ihr Lebensraum – gefährdet sind, folglich unter Naturschutz stehen, hat die „Stiftung Naturschutz Hamburg und die Stiftung zum Schutze gefährdeter Pflanzen“ den Rundblättrigen Sonnentau zur „Blume des Jahres 1992“ ernannt und so der besonderen Aufmerksamkeit und Obhut aller Naturliebhaber anempfohlen. Damit haben die Stiftung und dieses Buch ein gemeinsames Anliegen.

Loki Schmidt, im Januar 1992

Einleitung

Die Vorstellung, daß es Pflanzen gibt, die Insekten, ja sogar größeres Getier „fangen" und „essen" können, ist faszinierend. Wenn man die Begriffe „fangen" und „essen" bzw. „fressen" im weitesten Sinne versteht, dann treffen diese Verhaltensweisen auf eine Reihe von Pflanzen auch wirklich zu. Leider ist der Mensch aber sensationshungrig und verbindet mit der Bezeichnung „Fleischfressende Pflanzen" oft einem Tier nachjagende „Pflanzenbestien", die im Extremfall auch Menschen gefährlich werden könnten. Dies aber ist barer Unsinn.

Um das Wesentliche gleich am Anfang klarzustellen: Karnivore Pflanzen unterscheiden sich grundsätzlich nicht von den anderen Blütenpflanzen!! Sie haben wie die meisten Blütenpflanzen drei Hauptorgane, Wurzel: Sproß und Blatt. Die Wurzeln dienen auch bei den Karnivoren hauptsächlich der Nahrungs- und Wasseraufnahme. Die Blätter – wie bei allen blatttragenden grünen Pflanzen – sind hauptsächlich für die Photosynthese bestimmt, also für die chemische Reaktion, welche die grünen Pflanzen so einzigartig und unentbehrlich macht, nämlich die Transformation von Wasser und Kohlendioxid (CO_2) in Zucker, mit Hilfe der Energie, die durch das Blattgrün (Chlorophyll) der Sonne abgewonnen werden kann. Bei dieser Reaktion entsteht als Abfallprodukt Sauerstoff. Es ist sicherlich von Interesse – und meines Erachtens recht amüsant –, sich hier einmal kurz bewußt zu machen, daß es dieses Abfallprodukt ist, das das „höhere" tierische Leben und somit auch unsere Existenz überhaupt erlaubt. Einige der Blattorgane werden – auch bei den Karnivoren – zu Blüten umgebaut, die für die sexuelle Fortpflanzung (die wiederum die Voraussetzung für die Evolution darstellt) notwendig sind.

Karnivore Pflanzen sind also an und für sich ganz normale Blütenpflanzen. Nur leben – und dies ist der eigentlich wichtige Punkt – alle als karnivor bekannten Pflanzen an Standorten, die in irgendwel-

cher Form extrem sind und die ausreichende Versorgung mit den notwendigen Nährstoffen nicht immer auf herkömmlichem Wege gewährleisten.

Daher haben mehrere, solche Standorte besiedelnde Pflanzengruppen auf der Suche nach einem Weg aus dem Ernährungsdilemma

die Fähigkeit entwickelt, ihre karge Diät zu vervollständigen, indem sie Insekten, kleinere Nager und sogar kleine Affen fangen, um deren Nährstoffe (vor allem den Stickstoff) zu verwerten. Die „Karnivorie" ist also keinesfalls als alternative, ausschließliche Nahrungserwerbsmethode, sondern vielmehr als eine „Zusatzprozedur" zu verstehen.
Warum wir von „karnivoren" und nicht von „insektivoren" Pflanzen – wie es Charles Darwin noch mit gutem Gewissen tat – sprechen, ist oben bereits kurz angerissen.
Nicht nur Insekten fallen diesen Pflanzen zum Opfer. Auch Kleinnager, bis hin zu ausgewachsenen Ratten und kleinen Affen, sind bereits in den verschiedenen Fallen gefunden worden. Wieviele dieser Funde auf „Zufallsvisiten" der betreffenden Tiere begründet sind, ist kaum nachvollziehbar, aber sicherlich sind die Insekten die Gruppe, die den karnivoren Pflanzen am häufigsten zum Opfer fällt.
Trotzdem erschienen noch um die Jahrhundertwende Zeitschriftenbeiträge über abenteuerliche Gefahren, die angeblich von karnivoren Pflanzen ausgingen. Ein Artikel aus dem Jahr 1900 wurde mit einer Zeichnung illustriert, die eine *Utricularia* zeigt, die dabei ist, ein Krokodil zu vertilgen. Auch wurde eine Venusfliegenfalle abgebildet, der gerade ein Mensch zum Opfer gefallen sein sollte. Der sensationsgierige Autor heizte die Angst der Leser auch im Text an, indem er schrieb, daß die karnivoren Pflanzen in nicht zu ferner Zukunft eine ernstzunehmende Bedrohung für Tierwelt und Menschheit werden könnten.
Ganz offensichtlich hatten die Verfasser solcher Artikel von Botanik im allgemeinen und insbesondere von karnivoren Pflanzen keinerlei Ahnung. Es gibt eine ganze Reihe von pflanzenphysiologischen Gegebenheiten, wodurch die karnivoren Pflanzen – zumindest die, die wir kennen – niemals in der Lage wären, einem größeren Tier oder einem Menschen gefährlich zu werden. Das Einklemmen eines Fingers in eine Venusfliegenfalle z. B., ist höchstens für die Pflanze, aber keineswegs für den Menschen gefährlich.

Die karnivoren Pflanzen stellen aber – auch ohne die uns gefahrbringenden Eigenschaften – sowohl für den Fachmann als auch für den begeisterten Hobby-Botaniker, eine äußerst interessante und kulturwürdige Pflanzengruppe dar; dies nicht zuletzt deshalb, weil die Fähigkeit, „normale" Pflanzennahrung mit tierischen Bestandteilen zu vervollständigen, sich nicht auf eine Pflanzenfamilie begrenzt, sondern offensichtlich mehrmals, unabhängig voneinander, in verschiedenen Pflanzenfamilien entwickelt wurde. So erklärt sich auch, daß nicht alle karnivoren Pflanzengruppen die gleiche „Fangmethode" benutzen.

Zur Entdeckungs- und Forschungsgeschichte

Die Arbeiten der frühen Pflanzenkundigen, die vor allem unter den adligen und geistlichen Herren des Mittelalters zu finden sind, kann man – obwohl ihnen eine im nachhinein entstandene Komik oft nicht abzusprechen ist – an und für sich kaum ernst genug nehmen. Es sind die einzigen wissenschaftlichen Arbeiten dieser Zeit. Natürlich waren Geistliche als Forscher von der Meinung der damals allmächtigen Kirche abhängig, und so durften sie den Gedanken, daß Pflanzen Tiere „aßen“ ebensowenig äußern wie die Vermutung, auch bei den Pflanzen gäbe es Sexualität. Aus diesem Grunde wurden die Eigenschaften der Pflanzen, wenn sie überhaupt anerkannt wurden, nicht in die Beschreibungen und Abbildungen aufgenommen. Nur so ist es zu erklären, daß viele der bekannten Illustratoren es versäumten, die toten Insekten auf den klebrigen Oberflächen der Gattungen *Pinguicula, Drosera* und *Drosophyllum* in ihre ansonsten akkuraten Arbeiten einzubeziehen. Lediglich John Gerard (1545-1612) schloß einige Insektenreste in seine Illustration vom Sonnentau ein. Allerdings ist nicht überliefert, ob er die Insektenreste richtig zu deuten vermochte.

Bis hin zum 19. Jahrhundert waren sogar namhafte Biologen und Botaniker sehr zögerlich, was Erklärungen von karnivoren Pflanzen anbelangte. So stritt Trécul (1818-1896) noch 1855 jegliche Bewegung der Venusfliegenfalle kategorisch ab, obwohl sie von mehreren ernstzunehmenden Kollegen eingehend und detailliert beschrieben worden war. Im Jahr 1867 bestätigte ein damals leitender, französischer Botaniker zwar, daß sich diese Falle bewegen konnte, gleichzeitig versuchte er aber verzweifelt, den Zweck dieser Bewegung, das Fangen eines Insekts und die darauffolgende

Tabelle 1 Erstbeschreibungen oder Erstillustrationen

Gattung	Entdeckungsjahr oder Zeitraum	Erstbeschreibung als
Drosera	12. bis 15. Jh. M. Plaearius	„*herba sole*“ „*lunaria major*“
Pinguicula	1479 V. Auslasser	„zitroch chrawt“ „schmalz chrawt“
Sarracenia	1576 M. de Lobel	„*thuris limpidi folio*“
Utricularia	1591 M. de Lobel	„*millefolium aquaticum*“
Nepenthes	1658 E. de Flacourt	„anramitaco“
Drosophyllum	1661 G. Grisley	„*chamaeleontioides*“
Aldrovanda	1691 L. Plukenet	„*lenticula pulustris indica*“
	1747 G. Monti	„*aldrovandia*“
Dionaea	1759 A. Dobbs	„catch fly sensitive“
Cephalotus	1806 J. J. H. de La Billardière	
Byblis	1808 R. A. Salisbury	
Genlisea	1833 A. de Saint-Hilaire	
Heliamphora	1840 G. Bentham	
Polypompholyx	1844 J. G. C. Lehmann	
Darlingtonia	1853 J. Torrey	
Ibicella	1875 W. J. Beal	
Brocchinia	1882 J. G. Baker	
Triphyophyllum	1927 J. Hutchinson & J. M. Dalziel	

Verdauung tierischer Teile durch die Pflanze in Abrede zu stellen. Diese Wissenschaftler waren in „guter Gesellschaft". Sogar Carolus Linneus (Carl von Linné [1707-1778]), der Vater der modernen Systematik, wenn nicht der modernen Botanik schlechthin, der die bis dahin als ketzerisch empfundenen Gedanken der Pflanzensexualität zum Prinzip seines Systems machte, konnte sich mit den speziellen Eigenschaften karnivorer Pflanzen nicht anfreunden.
Obwohl er durch den Botaniker Ellis (1711-1776) aus Amerika eingehend über *Dionaea* (Venusfliegenfalle) und deren Eigenschaften informiert wurde, eine eindeutige Skizze und sogar Pflanzenmaterial aus Übersee bekommen hatte, erklärte Linné, dies sei nicht mit den „Heiligen Schriften" vereinbar. Entsprechend Genesis I, 29-30, vertrat Linné die religiöse Meinung, daß Pflanzen von Gott nur als Tiernahrung gedacht seien. Anzunehmen, daß Pflanzen Macht über Tiere ausüben könnten sei somit Blasphemie. Er behauptete fälschlich, daß, sobald die Insekten aufhörten sich zu wehren, die Venusfliegenfalle sich öffne und dem Insekt die Freiheit wiedergäbe.

Tabelle 2 Entdeckung der karnivoren Eigenschaften

Zeit	Art der Entdeckung und Entdecker
um 1750	Erste Erwähnungen der möglichen karnivoren Eigenschaften von *Nepenthes* und *Sarracenia*.
1768	J. Ellis erkennt Sinn und Funktion der Falle von *Dionaea*.
1775	Diderot erkennt *Dionaea* als „fast karnivor" an.
1779	A. W. Roth demonstriert die Reaktionsfähigkeit der *Drosera*-Haare.
1791	W. Bartram erkennt, daß die Trichterflüssigkeit bei *Sarracenia* Verdauungssäften entspricht.
1834	Der Fangmechanismus von *Dionaea* wird von M. A. Curtis detailliert beschrieben.
1839	P. W. Korthals vertritt die Meinung, daß die Kannenflüssigkeit bei *Nepenthes* in bezug auf die Ernährung wichtig ist.
1874	J. D. Hooker beschreibt *Nepenthes* und *Sarracenia*.
1875	C. Darwin veröffentlicht seine Arbeiten über „insektivore" Pflanzen.
1875	Der Amerikaner Beal deutet die karnivoren Eigenschaften von *Ibicella* an.
1942	Die bis dahin bekannten Gegebenheiten über karnivore Pflanzen werden von F. E. Lloyd in seinem Werk „*The Carnivorous Plants*" zusammengefaßt.
70er Jahre	Es folgen eine Reihe von wissenschaftlichen Arbeiten über die biochemischen und physiologischen Aspekte der pflanzlichen Karnivorie.
1979	J. Marburger sowie S. & T. L. Green und deren Mitarbeiter veröffentlichen Arbeiten über die insektivoren Eigenschaften von *Triphyophyllum*.
1984	T. J. Givnish beschreibt die möglichen insektivoren Eigenschaften von der zu den *Bromeliaceae* (Ananasgewächse) gehörenden *Brocchinia*.

Auch die Gattungen *Nepenthes* und *Sarracenia* waren Linné bekannt, aber auch bei diesen Pflanzengruppen vermochte er die besonderen Eigenschaften weder zu erkennen, noch zu akzeptieren.

Die ersten Experimente an karnivoren Pflanzen, die, im modernen Sinne, das Prädikat „wissenschaftlich" für sich in Anspruch nehmen konnten, wurden von Charles Darwin (1809-1882) durchgeführt. Aber auch Darwin, unzweifelhaft ein ausgezeichneter Beobachter, war, was die Deutung seiner Feststellungen anbelangt, von Zweifeln geplagt. In einem Brief vom 29. Juli 1860 an seinen Freund J. D. Hooker (zu seiner Zeit wohl die Autorität Englands was pflanzenkundliche Fragen anbelangt) schreibt Darwin: „... in der letzten Zeit habe ich hier nichts Besonderes getan; aber am Anfang vergnügte ich mich mit einigen Beobachtungen in bezug auf die insektenfangenden Eigenschaften von *Drosera* und ich muß irgendwann mit Dir darüber sprechen, ob meine Unsinnsgedanken es wert sind, der Linnéischen Gesellschaft übersandt zu werden ...".
Es sind sicherlich mit die Verdienste Hookers und des damaligen Leiters des Botanischen Gartens in Dublin, David Moore – sie ermutigten Darwin zur Fortsetzung seiner Arbeiten –, daß Darwins Arbeiten 1875 mit dem klassischen „Karnivorenwerk" „*Insectivorous Plants*" gekrönt wurden.

Trotz aller eindeutigen Hinweise und Beweise gab es auch zu Darwins Zeiten noch „ewig Gestrige“. Der renommierte französische Wissenschaftler A. Béchamp schrieb 1876: „... Wissenschaftlich gesehen stellt die Behauptung, es gäbe karnivore Pflanzen, einen unbeweisbaren Teufelskreis dar.“. Noch 50 Jahre später schrieb R. Dubois, immerhin Professor der allgemeinen Physiologie an der Universität in Lyon: „... Diese romantischen Geschichten über tierfressende, pflanzliche Anarchisten haber leider mehr Presserummel verursacht als meine Experimente, die zeigen, daß es karnivore Pflanzen ebenso unmöglich geben kann wie menschenartige Bäume.“.

Ich werde am Anfang einer jeden Gattungsbeschreibung auf die „Entdeckungsgeschichte“, soweit sie bekannt ist, noch etwas näher eingehen. Erste Informationen hierzu enthalten die zwei tabellarischen Übersichten (auf Seite 11). Die erste Tabelle zeigt den geschichtlichen Ablauf der „Entdeckungen“ und „Erstbeschreibungen“, die zweite ist eine chronologische Aufstellung der wissenschaftlichen Arbeiten über die karnivoren Eigenschaften der Pflanzen.

Fleischfressende Pflanzen in der botanischen Systematik

Karnivore Eigenschaften bei Pflanzen haben sich nicht nur einmal entwickelt. Da diese Eigenschaften, wie ich bereits in der Einleitung erwähnt habe, darauf abzielen, eine zusätzliche Nahrungsquelle für Pflanzen zu erschließen die an nahrungsarmen Standorten siedeln, und da solche Standorte weltweit durch die unterschiedlichsten Pflanzengruppen bevölkert werden, ist es nur logisch, daß die Fähigkeit, tierische „Nahrungsquellen" zu erschließen, bei vielen unterschiedlichen Pflanzengruppen vorzufinden ist. Das Ziel ist immer dasselbe. Die Methoden hingegen sind sehr verschieden. Für viele Hobbyisten ist es wahrscheinlich einerlei, vor allem für die, die sich „nur" an diesen „exotischen" Pflanzen erfreuen und einige Anleitungen finden wollen, die ihnen bei der Kaufauswahl und der Kultur weiterhelfen. Wir werden dem in späteren Kapiteln sicherlich gerecht werden. Für den Fachmann, aber auch für den Laien, der sein Hobby auch einigermaßen wissenschaftlich betreiben will, wird die nachfolgende systematische Tabelle sicherlich von Nutzen sein. Eine eingehende Besprechung der einzelnen Familien und deren Charakteristika soll hier aber natürlich nicht erfolgen; Genaueres ist ohne weiteres in den entsprechenden allgemeintaxonomischen Abhandlungen zu finden.

Verschiedene Arten einiger Gattungen findet man unter den unterschiedlichsten Wachstumsbedingungen in der freien Natur. Unter aquatischen Pflanzen verstehen wir die Arten, die sich dem Lebensraum „Wasser" weitgehend angepaßt haben. Die Epiphyten dagegen wachsen in luftiger Höhe auf anderen Pflanzen. Im Gegensatz zu der weitläufigen Meinung haben Epiphyten nichts, aber auch gar nichts mit Parasitismus zu tun. Sie benutzen andere Gewächse lediglich als Unterlage, vor allem um dem Licht näher zu kommen. In der Tat sind die Lichtverhält-

Nepenthes rajah, eine für Borneo einheimische Art; auffallend der besonders große ovale Kannendeckel

Nepenthes rajah hat von allen Arten der Gattung die größte Kanne. Sie kann bis zu 40 cm lang und bis zu 18 cm breit werden

nisse unter den Baumkronen, auch in tropischen Breiten, nicht gerade luxuriös. Trotzdem wächst der Hauptteil der Pflanzen, und das schließt die meisten karnivoren Pflanzen ein, „terrestrisch", also am Boden. Bei diesen Pflanzen dringen die Wurzeln in das Erdreich ein.

Die folgende Tabelle gibt einen Überblick über Gattungen und Arten, die derzeit zu den Fleischfressenden Pflanzen gerechnet werden und spiegelt gleichzeitig den gegenwärtigen Forschungsstand.

Ordnung	Familie	Gattung	Artenzahl	Fallen-/Fangtyp
Bromeliales	*Bromeliaceae*	*Brocchinia*	7	Grube/passiv
		Catopsis	1	Grube/passiv
Nepenthales	*Nepenthaceae*	*Nepenthes*	68	Grube/passiv
	Droseraceae	*Aldrovanda*	1	Klappfalle/aktiv
		Dionaea	1	Klappfalle/aktiv
		Drosera	110	Klebfalle/aktiv
		Drosophyllum	1	Klebfalle/passiv
Sarraceniales	*Sarraceniaceae*	*Darlingtonia*	1	Grube/passiv
		Heliamphora	6	Grube/passiv
		Sarracenia	8	Grube/passiv
Saxifragales	*Byblidaceae*	*Byblis*	2	Klebfalle/passiv
	Cephalotaceae	*Cephalotus*	1	Grube/passiv
Scrophulariales	*Lentibulariaceae*	*Biovularia*	2	Saugfalle/aktiv?[2]
		Genlisea	16	Saugfalle/passiv
		Pinguicula	52	Klebfalle/aktiv
		Polypompholyx	2	Saugfalle/aktiv
		Utricularia	200	Saugfalle/aktiv
	Myrtyniaceae	*Ibicella*	1(+?)[1]	Klebfalle/passiv
Violales	*Dioncophyllaceae*	*Triphyophyllum*	1	Klebfalle/passiv?[2]

[1] = Hier ist noch nicht geklärt, ob es noch weitere Arten gibt
[2] = Der Fangtyp ist unter Wissenschaftlern noch strittig

Fallentypen, Gattungen und Arten im Porträt

Wie bereits gesehen, sind die Fangmechanismen der karnivoren Pflanzen mannigfaltiger Art. Obwohl das Ziel – die Zusatzernährung durch Absorption tierischen Materials – in allen Fällen dasselbe ist, so sind die einzelnen Fangmechanismen doch reichlich verschieden. Wenn man versucht ein wenig Ordnung in dieses Thema zu bringen, fällt sofort auf, daß es zwei grundverschiedene Fangprinzipien gibt – die passive und die aktive Falle, wobei die Begriffe „passiv“ und „aktiv“ sich auf das Vorhandensein oder Fehlen einer gezielten Bewegung zum Fangen des Opfers beziehen. Diese zwei „Arbeitstypen“ lassen sich wiederum in unterschiedliche „Ausführungstypen“ gliedern, die im Kapitel „Systematik“ bereits den verschiedenen Pflanzengruppen der Karnivoren zugeordnet sind. Es gibt vier verschiedene Fallentypen:

1. Die Klebfallen (*Byblis, Drosera, Drosophyllum, Ibicella, Pinguicula* und *Triphyophyllum*);
2. Die Klappfallen (*Aldrovanda* und *Dionaea*);
3. Die Fallgruben (*Brocchinia, Catopsis, Cephalotus, Darlingtonia, Heliamphora, Nepenthes* und *Sarracenia*);
4. Die Saugfallen (*Biovularia, Genlisea, Polypompholyx* und *Utricularia*).

Zunächst sollen die verschiedenen Fallen allgemein abgehandelt werden. Die pflanzenspezifischen Details und Sondercharakteristika werden bei der jeweiligen Gattungs- und/oder Artbeschreibung aufgegriffen.

Klebfallen

Die Klebfalle besteht immer aus gestielten Drüsen. Jede Drüse trägt einen Tropfen klebriges Sekret. Die Wirkungsweise ist sehr einfach. Insekten werden durch den Honigduft des Sekretes angelockt. Kleinere Insekten, die auf der Klebfalle landen, werden sofort durch den Sekrettropfen immobilisiert. Größere Insekten werden bei der ersten Berührung noch nicht bewegungsunfähig. Beim Versuch zu entkommen, müssen sie sich aber an mehreren Drüsenhaaren entlangschleppen, was zu einer Klebstoffakkumulation führt, die am Ende das Insekt so belastet, daß es seine Bewegungsfreiheit verliert. Gleichzeitig wird ein Bewegungsreiz an die Nachbardrüsenhaare weitergeleitet. Die Verklebung beginnt an der Unterseite des Insekts, aber nach und nach wird das ganze Tier mit kleb-

Gestielte und ungestielte Drüsen bei *Pinguicula moranensis*

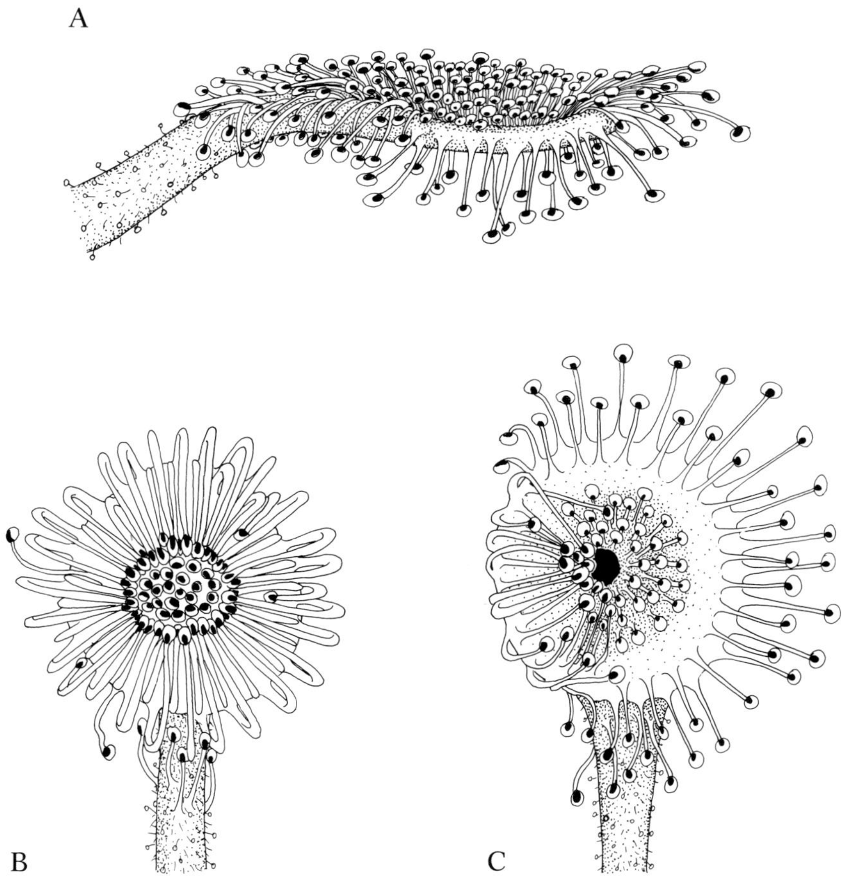

Drosera rotundifolia, Fangblätter (vergrößert).
A: altes Blatt; B: Blatt mit allen Tentakeln in Fangposition; C: Fangblatt mit einem Teil der Tentakeln in Fangposition, Situation erzeugt durch Auflage eines Fleischstücks (Nach Darwin, 1875)

rigem Sekret überzogen, entweder aufgrund des Absinkens des Insekts zwischen die Drüsenstiele (*Drosophyllum*) oder dadurch, daß die benachbarten Drüsenhaare sich zum Beutetier hinbiegen und zusätzliche klebrige Masse auf dem ganzen Insekt absetzen (*Drosera*). Die „Erfindung“ der gestielten Drüse hat zwei wesentliche Vorteile. Zum einen können auch obere Partien des Insekts verklebt werden, zum anderen ist dadurch sichergestellt, daß das klebrige Sekret die Pflanzenepidermis nicht vollständig überzieht. Normalerweise werden nur Teile der Pflanze als Klebfallen ausgebildet. Die Drüsenhaare oder „Drüsenstiele“ sind in ihrem morphologischen Aufbau unterschiedlich. Sie bestehen entweder aus einer einzigen Zelle (*Pinguicula* und *Byblis*) oder aus mehreren Zellen (*Drosophyllum, Drosera, Ibicella* und *Triphyophyllum*). Bei mehrzelligen Drüsenhaaren ist im allgemeinen ein Leitgewebe (*Xylem*) vorhanden. Einige Autoren wollen auch den zweiten Leitgewebetyp (*Phloem*) nachgewiesen haben. Die Drüse am Ende der Haare entspricht der normalen Verdauungsdrüse der jeweiligen Pflanzenart.

Das Drüsensekret (Fangschleim) besteht hauptsächlich aus einer wäßrigen Lösung von sauren Polysacchariden (Xylose, Glukonsäure, Galactose, Arabinose und einem geringen Anteil Rhamnose). Die Sekrete der Gattungen *Drosera, Drosophyllum* und *Triphyophyllum* sind sehr ähnlich und unterscheiden sich hauptsächlich im Säuregrad. Obwohl die Zusammensetzung des *Pinguicula*-Sekrets, im Gegensatz zu dem der vorher erwähnten Arten, bisher nicht geklärt wurde, gibt es keinen Grund anzunehmen, daß es prinzipiell verschieden sein sollte. Das frische Sekret ist so viskos, daß man es ohne weiteres zu Fäden von mehreren Zentimetern ziehen kann. Es erfolgt keine „aktive“ Tötung der Insekten, sondern diese erleiden den Erstickungstod als Folge der Verklebung ihrer Atmungsöffnungen. Die Insekten sinken zwischen den Drüsenhaaren auf die Blattoberfläche oder werden durch die sie umschließenden Tentakeln gegen die Blattepidermis gedrückt. Die gestielten Drüsen scheiden nicht nur Klebstoff, sondern auch Verdauungsenzyme (Esterasen, Peroxidasen, Proteasen und saure Phosphatasen aus; bei *Pinguicula* zusätzlich Amylasen). Die Blattepidermis trägt weitere, ungestielte Drüsen, die durch Absonderung von weiteren Enzymen den Verdauungsprozeß beschleunigen. Bei *Pinguicula* gibt es ein zusätzliches physiologisches Phänomen. Die Drüsen, die mit Insekten in Berührung kommen, verlieren ihren Turgordruck (Zellinnendruck), so daß sie gegen die Epidermis drücken. Dies wiederum hat den Turgorverlust der Epidermiszellen zur Folge und somit entsteht eine kleine „Kule“ in der Blattoberfläche. In dieser Kule kommt nun das gefangene Insekt mit weiteren Klebdrüsen und mit den Verdauungsdrüsen in Berührung. Alle Weichteile des Insekts werden aufgelöst und die Verdauungsprodukte werden durch die Pflanze resorbiert. Nach ungefähr zwei Tagen bleiben nur noch der Chitinpanzer, die Kiefer- und andere Hartteile der Beutetiere übrig. Diese Überbleibsel werden durch den Wind und den Regen von der Pflanze entfernt, und die eingerollten „Fangblätter“ kehren in ihre Ausgangsstellung zurück.

Die Fangblätter von *Drosera* rollen sich buchstäblich um das Beutetier. Die komplizierten physiologischen Vorgänge, die während des Beutefanges, der Verdauung und Resorption ablaufen, bewirken aber auch, daß die Blätter nach drei- bis viermaligem Insektenfang absterben.

Das Prinzip der Klebfalle wird noch von einer weiteren Pflanzengruppe eingesetzt. Zu dieser Gruppe gehört auch *Roridula*, eine auf das südliche Afrika beschränkte Pflanzengattung, mit nur zwei bekannten Arten. Obwohl diese Gattung von Darwin und einigen moderneren Autoren zu der Familie der *Droseraceae* gestellt wurde (wohl nur aufgrund der oberflächlichen Ähnlichkeit mit *Drosera*), sind bei genauerer Untersuchung die Pflanzen wohl eher den *Byblidaceae* zuzuordnen. Sie haben sonnentauähnliche Blätter mit Drüsenhaaren, die Fangschleim absondern. Trotzdem gehört diese Pflanzengruppe nicht zu den Karnivoren. Insekten werden zwar angelockt und gefangen, die Tiere werden aber nicht verdaut oder resorbiert. Der abgeschiedene Fangschleim enthält „lediglich“ ein Schutzmittel gegen freßwütige Raupen und Schnekken. Warum werden also Insekten gefangen? Nun, die Natur geht seltene Wege. Auf den *Roridula*-Arten leben Krabbenspinnen aus der Familie der *Thomisidae*. Diese werden als Bestäuber geduldet. Die gefangenen Insekten dienen den Spinnentieren als Nahrung, d. h. die Insekten werden von den Spinnen ausgesaugt. Man kann also von einer Tierhaltung durch die Pflanze sprechen. Die übrigbleibenden Hartteile der Insekten fallen irgendwann von der Pflanze. Sie werden von der Bodenfauna und von Bakterien aufbereitet. Ihre Grundstoffe stehen somit wieder für die Pflanzenernährung zur Verfügung.

Byblis (Die Regenbogenpflanze)

Diese rein australische Gattung umfaßt zwei Arten: *Byblis gigantea* und *Byblis liniflora*. Die Gattung wurde bereits 1808 von R. A. Salisbury (1761-1829) beschrieben und der Familie der *Droseraceae* zugeordnet. Auch John Lindley (1799-1865) erwähnte sie (1846), und von J. E. Planchon (1823-1888) wurde sie 1848 eingehend beschrieben und in die Familie der *Pittosporaceae* eingegliedert. Keiner der beiden letzteren Autoren erwähnte aber die karnivoren Eigenschaften der Pflanzen, obwohl sie sie eingehend mit *Dionaea* und *Drosera* verglichen. 1901 stellte sie F. X. Lang erneut in eine andere Familie, die der *Lentibulariaceae*, bevor im Jahr 1920 K. Domin (1882-1953) als erster die eindeutigen Eigenarten dieser einmaligen Gattung erkannte und sie zu einer eigenständigen Familie namens *Byblidaceae* erhob.

Der Name „*Byblis*“ ist der griechischen Mythologie entnommen, in der von *Byblis* (Enkelin des Apoll) berichtet wird, sie habe aus Liebeskummer so intensiv geweint, daß sie zur Fontäne wurde; offensichtlich haben die vielen Flüssigkeitströpfchen, die die Pflanzen überziehen, zu dieser Assoziation geführt. Die Lichtbrechung, die durch diese Tröpfchen hervorgerufen wird, resultierte in der australischen Benennung „Rainbow Plant“, die auch im deutschen Sprachgebrauch, in der entsprechenden Übersetzung, Anwendung findet.

Die *Byblis*-Arten leben in einem Klima mit einem ausgedehnten, nassen Winter und einem langen, heißen, trockenen Sommer. In dieser Sommerzeit geht die Pflanze bis auf das Rhizom zurück. *Byblis gigantea* wächst in einem Morastgebiet in der Nähe Perths zusammen mit *Polypompholyx multifida*, *Drosera menziesii* und *Utricularia inaequalis* auf einem Boden, der hauptsächlich aus weißem Sand besteht, der aber auch einige Ansammlungen von Humus aufweist. Die meisten Pflanzen der australischen Westgebiete – darunter auch *Byblis gigantea* und deren Nachbar *Cephalotus follicularis* – haben sich den regelmäßigen Buschbränden angepaßt. Das Rhizom von *Byblis* ist offensichtlich „brandgeschützt“. Es gibt aber auch Hinweise darauf, daß die Saat der *Byblis*-Arten nur nach einem Buschbrand keimen kann. *Byblis gigantea* wurde aber auch unter völlig anderen Gegebenheiten an einem Standort 225 km nördlich von Perth gefunden. Hier wächst die Art in dichtem Buschwerk. Der Grund für diese Anpassung mag darin liegen, daß *Byblis* – im Gegensatz zu fast allen anderen karnivoren Pflanzen (Ausnahme *Triphyophyllum*) – ein dickes, tief in die Erde eindringendes Rhizom besitzt.

Der Stamm der Regenbogenpflanze zeigt mehrere Verdickungen und wird bis 50 cm hoch. Vom Rhizom aus bilden sich sekundäre Triebe, Blätter und langstielige Blüten. Alle oberirdischen Pflanzenteile sind mit gestielten und ungestielten Drüsen übersät. Sogar auf dem Ovar kann man gestielte Drüsen nachweisen. Während sich die Blätter von *Byblis gigantea* nicht einrollen, ist das Verhalten von *Byblis liniflora* dem von *Drosophyllum* sehr ähnlich. Die Blätter sind gelblich-grün, steif, im Querschnitt dreieckig. Das Leitgewebe ist gut entwickelt, das Grundgewebe (Mesochym) besteht aber nur aus einem einzigen Zelltyp. Die gestielten Drüsen scheiden dauernd Fangschleim aus, die ungestielten Drüsen zeigen aber Ausscheidungen erst nach Stimulation und dann nur bis zu 6 Stunden lang.

Byblis liniflora ist im nördlichen Australien beheimatet. Im Warmhaus läßt sie sich hervorragend kultivieren

Arten

Byblis gigantea

Verbreitung: *Byblis gigantea* kommt nur im extremen Westen Australiens in der Gegend um Perth vor.

Merkmale: Sie unterscheidet sich von den anderen karnivoren Pflanzen durch mehrere Merkmale. Wir finden hier nicht nur, wie bereits erwähnt, ein starkes, tiefgehendes Rhizom, sondern auch in bezug auf die Blütenbiologie ist diese Gattung etwas Besonderes. Die Blüten stehen zwischen den Fallen und nicht weit über ihnen, wie es bei den Karnivoren üblich ist. Diese Anordnung ist einmalig unter den echten insektivoren Pflanzen. Lediglich bei *Roridula*, die Insekten zwar fängt, aber nicht selbst verwertet und daher keine echte Karnivore ist, finden wir ein ähnliches Syndrom. Das bedeutet also, daß der Bestäuber von *Byblis* die Pflanze ohne Gefahr aufsuchen kann.

Eine weitere Eigenart besteht in der Blütenmimikry (= die Nachahmung einer Pflanze, um Bestäuber irrezuführen) zwischen *Byblis gigantea* und der zu den Lilienartigen gehörenden *Thysanotus multiflorus*, was auf eine sehr lange Koexistenz hindeutet. Beide Pflanzenarten blühen gleichzeitig und ihre Blütenstruktur ist auffallend ähnlich, die Farbe der Blüten lila bis purpur, der Durchmesser der Blüten bis 5 cm. Offensichtlich benutzen beide Pflanzenarten denselben Bestäuber, eine Bienenart, und die nicht so seltene Technik der „Buzz-pollination". Die Pflanzen geben die Pollen nicht ohne weiteres frei, wie es viele andere *Angiospermophyta* tun. Die Antherenspitze besitzt Poren, die sich nur öffnen, wenn sie durch das Fluggeräusch der Bienen stimuliert werden. Die hohe Frequenz, die durch die Arbeit der Flugmuskulatur hervorgerufen wird, liegt offensichtlich im Ultraschallbereich.

Byblis liniflora

Verbreitung: *Byblis liniflora* kommt nur in der Gegend des Golfs von Carpentaria im Norden Australiens vor.

Merkmale: Diese Art wächst unter typisch tropischen Bedingungen (hohe Temperaturen, hohe Luftfeuchtigkeit) im nördlichen Australien und in Neuguinea, in beiden Gebieten entlang von Rinnsalen und kleinen Flüßchen. Die Pflanze ist im allgemeinen kleiner als *Byblis gigantea* und wird kaum größer als 30 cm. Die bläulich-lila Blüten sind weniger zahlreich als bei *Byblis gigantea* und haben nur ungefähr 2 cm Durchmesser.

Kultur

Kulturraum: Die Kultur von *Byblis* ist unterschiedlich. Während *Byblis gigantea* eine sehr schwer zu kultivierende Pflanze ist, da ihr natürlicher Standort durch extrem klimatische Verhältnisse gekennzeichnet ist, erweist sich *Byblis liniflora* als sehr dankbar. *Byblis gigantea* braucht sehr viel Licht und duldet überhaupt keine Staunässe. *Byblis liniflora* ist kurzlebig, sehr schnell wachsend und bereits 3 Monate nach der Aussaat zu einer ansehnlichen Pflanze gereift.

Substrat: Locker und durchlässig, am besten in sandigen Böden, die während der Wachstumszeit mit Wasser durchtränkt sind. Auch weißer Torf, der mit bis zu 30 % Perlite versetzt ist, eignet sich sehr gut.

Düngung: Keine

Licht und Temperaturen: Die Pflanzen benötigen volle Sonne. Die Tagestemperaturen sollten zwischen 20 und 30 °C liegen, wobei Wintertemperaturen bis zu 4 °C ertragen werden.

Wasser und Luftfeuchtigkeit: Im Frühjahr werden die ruhenden Pflanzen angegossen. Sie entwikkeln sich weiter, wenn sie im wassergefüllten Untersatz kultiviert werden. Im Herbst wird den Pflanzen langsam das Wasser entzogen. Die oberirdischen Teile der Pflanzen sterben ab. Die Rhizome ruhen bis zum nächsten Frühjahr. Man kann die *Byblis*-Pflanzen aber auch im Winter weiter wässern. In diesem Fall hält man die Pflanzen sehr hell bei Temperaturen zwischen 15 und 20 °C. Da *Byblis liniflora* extrem kurzlebig ist und einfach aus Samen wieder gewonnen werden kann, empfiehlt sich eine jährliche Nachzucht.

Vermehrung: *Byblis* wird ohne größere Probleme durch Saat vermehrt. Frisches Saatgut ist relativ gut keimfähig und wird auf eine Torf-Perlite-Mischung gebracht. Die Aussaat geschieht am besten im Januar in temperierten Räumlichkeiten bei ca. 20° C. Die Keimung erfolgt nach 2 bis 6 Wochen. Nachdem sich mindestens zwei Blattpaare gebildet haben, werden die Sämlinge in kleine Gruppen pikiert.

Drosera (Der Sonnentau)

Die sehr weit verbreitete Gattung *Drosera*, die sowohl in den kalten und temperierten als auch in den tropischen Regionen der Erde vorkommt, war nicht nur die erste bekannte karnivore Pflanze, sondern auch die erste, der das Fangen von Insekten zugeschrieben werden konnte. Sicherlich kann es deshalb auch nicht verwundern, daß diese Gattung auch heute noch zu den bestuntersuchten aller Karnivorengattungen gehört.

Bereits 1554 wurde eine *Drosera* (wahrscheinlich *Drosera intermedia* oder *Drosera anglica*), allerdings unter der Rubrik „Moose", in der Erstausgabe des berühmten „Cruydeboeck" von Dodoens (wirklicher Name: Rembert von Joenckema [1518-1585]) abgebildet und in der dritten Ausgabe (1618) als Heilkraut gegen Erkältungen gepriesen. Aus demselben Jahr stammt auch die erste verbriefte Standortbeobachtung durch John Tradescant (Sr) (1570/75-1638) im Norden Rußlands.

Drosera ist eine der arten- und formenreichsten Gattungen der karnivoren Pflanzen. Ungefähr 140 Taxa sind innerhalb der Gattung beschrieben worden. Wenn man die Mehrfachbeschreibungen abzieht, verbleiben immerhin noch ungefähr 110 „echte" Arten. Somit wird die Gattung, was die Artenvielfalt betrifft, nur noch durch die Riesengattung *Utricularia* überflügelt.

Die Hauptverbreitungsgebiete der Gattung liegen in Australien und Neuseeland. In dem begrenzten Areal Südwestaustraliens allein sind über 40 Arten beheimatet. Ein weiteres Stammgebiet dieser Pflanzengruppe befindet sich in Südafrika. Die wenigen restlichen Arten verteilen sich über die kühleren Zonen der Erde. Zwei dieser Arten (*D. anglica* und *D. rotundifolia*) sind sowohl in Europa als auch in Amerika sowie in Asien beheimatet; *Drosera intermedia* findet sich in Europa und in Amerika. Nordamerika ist außerdem die Heimat 4 anderer „temperierter" Arten (*D. brevifolia*, *D. capillaris*, *D. filiformis* und *D. linearis*).

Auch in bezug auf die Pflanzengröße ist die Gattung sehr variabel. Während die australische *Drosera gigantea* die stattliche Größe von 1 Meter erreicht, haben *Drosera pygmaea* und *Drosera occidentalis*, die ebenfalls in Australien beheimat sind, kaum mehr als 1 cm Durchmesser.

Drosera ist, wie fast alle karnivoren Pflanzen, kalkfliehend. Allerdings gibt es auch hier zumindest eine Ausnahme. Die nordamerikanische Art *Drosera linearis* kolonisiert bevorzugt alkaline Sumpfgebiete, wo die Pflanze sehr oft zusammen mit *Sarracenia purpurea* wächst. *Drosera* ist auch insofern eine typische Karnivore, als sie außer *Sphagnum* kaum eine Konkurrenz verträgt. Nur an einigen Standorten findet man außer den zwei erwähnten Pflanzenarten noch *Menyanthes trifoliata* als geduldeten Mitbewohner, und *Drosera rotundifolia* wächst an sandigen Standorten oft zusammen mit *Darlingtonia* (siehe oben).

Auch in bezug auf die Lichtverhältnisse ist *Drosera* eine typische Karnivore: Nur bei der richtigen Kombination von Licht und Temperatur findet man blühende Pflanzen. Ausnahmen zu dieser Regel bilden *D. adelae*, *D. prolifera* und *D. schizandra*; sie wachsen auch in den heißen, feuchten australischen Regenwäldern unter schlechten Lichtbedingungen. Diese Arten paßten sich dort ihrer Umgebung durch die Ausbildung von Blättern an, die weit größer sind als die „typischen" *Drosera*-Laubblätter. Diese größeren Blätter sind auch in der Lage, herunterfallende Pollen und Sporen als Nährstoffquelle zu benutzen.

Ebenfalls als Anpassungsleistung lassen sich die Wurzelsysteme einiger australischer Arten deuten; sie fungieren als verdickte Reserveorgane und erlauben es den Arten sogar häufige Oberflächenbrände zu überleben, ohne größeren Schaden zu nehmen. Die Populationen dieser Arten sind immer sehr groß. Vor allem nach einem Brand bilden die Pflanzen Blüten aus. Das kann einerseits damit zu tun haben, daß durch den Brand bestimmte, die Blüte fördernde Mineralien vermehrt in den Boden gelangen, andererseits auch damit, daß die konkurrierende Vegetation auf ein Minimum reduziert wurde. Außerdem ist zu bedenken, daß Karnivoren Pionierpflanzen sind. Wenn ihr Habitat durch Umwelteinwirkung von fast aller Vegetation befreit wird, „müssen" die *Drosera*-Arten daran interessiert sein, größere Mengen an Individuen für die Flächenbesiedlung auszubilden. Dies kann kaum über vegetative Vermehrung erreicht werden, sondern nur auf dem sexuellen Wege, also durch Ausbildung von Blüten und Samen.

Die Blattoberfläche von *Drosera* ist mit gestielten Drüsen übersät. Diese Tentakeln werden von außen nach innen immer größer und scheiden einen Fangschleim aus. Zusätzlich gibt es eine immense Zahl kleiner, sitzender Drüsen, die nicht nur auf beiden Seiten der Blätter zu finden sind, sondern auch auf den Blatt-, den Blüten- und den Drüsenstielen.

Der Fangschleim von *Drosera capensis* ist detailliert untersucht worden, seine Zusammensetzung ist also bekannt. Es handelt sich um eine 4 %ige, wäßrige Lösung von sauren Polysacchariden (Zukkern) mit einem pH-Wert von 5 (pH-Werte von 0 bis 7 indizieren saueres Milieu und Werte von 7 bis 14 alkalisches). Die Natur hat diesen Säuregrad sicherlich deshalb ausgewählt, weil die Viskosität des Zuckergemisches bei pH = 5 am höchsten ist.

Wenn ein Insekt den Fehler begeht auf einer *Drosera*-Pflanze zu landen, so berührt es zwangsläufig eine Anzahl der gestielten Drüsen und somit den Fangschleimtropfen, den diese tragen. Beim Versuch zu fliehen wird das Insekt noch weiter benetzt. Gleichzeitig werden die Tentakeln der Pflanze stimuliert und fangen an, sich zur Blattmitte zu biegen. Dieser Bewegungsreiz setzt sich von Tentakel zu Tentakel fort. Das Insekt wird vollkommen eingekreist und stirbt normalerweise durch Ersticken als Folge der vollständigen Verklebung der Atmungsöffnungen.

Die gefangenen Insekten werden fast vollständig verwertet. Versuche mit *Drosophila*-Fliegen und *Drosera erythrorhiza* haben gezeigt, daß 74 % des Insektenstickstoffs von den Pflanzen absorbiert wurden. Der Versuch wurde mit Hilfe von radioaktiv markiertem Stickstoff wiederholt, wobei sich sogar eine 76 %ige Absorption ergab.

Die Versuche, die Absorption anderer Elemente (insbesondere Kohlenstoff) zu bestätigen, waren allerdings viel weniger erfolgreich, was die – an und für sich bereits seit langem existierende – Annahme beweist, daß die Insekten den karnivoren Pflanzen in erster Linie als Stickstoffquelle dienen.

Was die blütenbiologischen Aspekte anbelangt, so haben sich in den *Droseraceae* verschiedene sogenannte Bestäubungssyndrome (Gesamtheit der für die Bestäubung wichtigen Merkmale wie Blütenform, -farbe und -duft) ausgebildet. *Drosera* hat (wie *Dioneae*) relativ kleine Blüten. Sie sind weiß, rot oder purpurn. Die Bestäubung erfolgt durch kleine Insekten, die aber auch zum karnivoren Menü der Pflanze gehören.

Dieser Nachteil wird durch die Ausbildung von zahlreichen staubartigen Samen in Samenkapseln wettgemacht. Dadurch wird sichergestellt, daß auch bei einer geringen Bestäubungsrate genug Samen verbreitet werden kann, ein System, das auch in anderen extrem angepaßten Pflanzengruppen mit einer geringen Bestäubungsrate (z. B. Orchideen) zu beobachten ist.
In der Tat ist die staubfeine Saat ausgezeichnet für eine Windverbreitung. So wird sichergestellt, daß auch wenige Samenkapseln eine ausgedehnte Verbreitung gewährleisten.

Die Fangbewegung bei *Drosera*: Sobald ein Beutinsekt die Fangarme berührt, wird es regelrecht „eingerollt“ (Bild links). Die Fangschleimtropfen (Bild rechts) verhindern zusammen mit den Tentakeln die Flucht der Beute: das Insekt wird gleichzeitig eingekreist und verklebt

Ausgewählte Arten

Drosera andersoniana

Verbreitung: Australien.

Merkmale: Aufrechte, bis 25 cm hohe Pflanze mit einer flachen Basalrosette (Rosette dicht über dem Boden), deren Blätter elliptisch sind, aber breiter als lang. Blätter an der Sproßachse nierenförmig, bis 5 mm im Durchmesser. Blüten endständig, weiß bis pink.

Blütezeit: August bis September.

Drosera anglica (Syn. *D. longifolia*)

Verbreitung: Europa, Nordamerika, Japan.

Merkmale: Die teilweise rückwärtsgebogenen Laubblätter sind bis zu 4 cm lang, langgestielt. Die Blattspreiten sind hellgrün mit hellroten, gestielten Drüsen. Die Blattspreiten sind immer länger als breit (bis 2,5 cm lang bei einer Breite von ca. 1 cm). Die Blüten sind meistens weiß.

Blütezeit: Juni bis August.

Drosera arcturi

Verbreitung: Neuseeland, Tasmanien.

Merkmale: Blätter breit linealisch, drüsenlos; Blütentrieb einblütig.

Drosera ascendens

Verbreitung: Brasilien

Merkmale: Blätter linealisch, unterseitig ganz mit weichen Haaren besetzt, oberseitig nur bis zur Mitte der Drüsen behaart. Blüten weiß.

Drosera auriculata am Naturstandort

Drosera binata in Fangbereitschaft; diese *Drosera*-Art ist in Neuseeland und Australien beheimatet

Drosera auriculata

Verbreitung: Australien, Neuseeland.

Merkmale: Zwiebelbildende Pflanze. Sproß bis zu 30 cm lang. Stengelblätter schildförmig, tief eingebuchtet. Blüten weiß.

Drosera banksii

Verbreitung: Australien.

Merkmale: Sproß fadenförmig, bis zu 10 cm lang, Blätter kreisrund. Blüten weiß.

Drosera binata (Syn. *D. dichotoma*)

Verbreitung: Australien, Neuseeland.

Merkmale: Pflanze mehr oder weniger kriechend. Blätter mit langen Stielen, Blattspreite deutlich gespalten. Blüte weiß. *D. dichotoma* ist eine triploide Form (d. h. sie hat einen dreifachen Chromosomensatz) mit weit gegabelten Blatt-Teilen.

Drosera brevifolia (Syn. *D. annua, D. leucantha*)

Verbreitung: Nordamerika.

Merkmale: Einjährige Pflanze. Blätter sitzend, keilförmig. Blütenstandschaft sehr kurz mit bis zu 4 kleinen weißen oder pinkfarbenen Blütchen.

Blütezeit: April bis Mai.

Drosera bulbigena

Verbreitung: Australien.

Merkmale: Eine kleine, bis 6 cm hohe Pflanze mit bis zu 12 einzelnen Blättern, die sich am Stamm verteilen. Die Blätter sind nierenförmig, ca. 2 mm lang und bis zu 2,5 mm breit. Die Infloreszenz ist endständig und trägt bis zu 5 weiße Blütchen.

Blütezeit: August bis September.

Drosera bulbosa

Verbreitung: Australien.

Merkmale: Zwiebelbildende Pflanze. Blätter in einer engen Rosette, länglich, undeutlich gestielt. Meist einblütig mit kleinen weißen Blüten.

Drosera burkeana

Verbreitung: Afrika.

Merkmale: Blätter kurz gestielt, rundlich, klein. Blütenstiel bis ca. 5 cm mit bis zu 45 kleinen rosa Blütchen.

Drosera burmannii

Verbreitung: Asien, Australien.

Merkmale: Pflanze mit breiten, verkehrt eiförmigen, in einer Rosette stehenden Laubblättern. Blütentrieb bis 15 cm. Blüten weiß. Eine ziemlich einmalige Art, die in Kultur nicht leicht zu halten ist.

Drosera calycina

Verbreitung: Australien.

Merkmale: Sproß aufrecht, schlank. Blätter schildförmig mit langem Stiel, kreisrund bis leicht gebuchtet, Blütenstand locker, Blüten weiß oder rot.

Drosera capensis

Verbreitung: Afrika.

Merkmale: Kurzstämmige Pflanze mit gestielten, linealisch bis spatelförmigen Blättern. Blüten purpurrot.

Drosera capillaris

Verbreitung: Südöstliche Vereinigte Staaten von Amerika, von Virginia bis zum östlichen Texas.

Merkmale: Die Blätter von *D. capillaris* stehen in einer Rosette mit einem Durchmesser von ca. 3,5 cm (in einigen Gegenden jedoch bis zu 7 cm). Die Blätter sind relativ kurz gestielt (1 bis 2,5 cm). Die Blattspreiten sind elliptisch, immer länger als breit. Die Pflanzen nehmen in Freilandkulturen oft eine rötliche Färbung an. Die Blüten sind pink oder weiß (Viele einschlägige Werke geben irrtümlicherweise an, daß die Blüten von *D. capillaris* immer weiß sind, und daß dieses Merkmal als Unterscheidungskriterium zu *D. rotundifolia* genutzt werden kann. Es kann aber lediglich fest-

Drosera capensis, eine in Afrika verbreitete, kurzstämmige *Drosera*-Art; sternförmig streckt sie ihre Blätter zum Beutefang aus

D. capensis erhöht so die Wahrscheinlichkeit des Beutefangs

Die Laubblätter von *Drosera filiformis* sind besonders dünn und lang

Die Beutetiere haben keine Chance zu entrinnen

gestellt werden, daß die weiße Blütenfärbung etwas häufiger auftritt als die pinkfarbene Variante).

Blütezeit: Mai bis August.

Drosera cistiflora

Verbreitung: Afrika.

Merkmale: Bis zu 20 cm hohe Pflanze. Blätter lanzettförmig. Blüten endständig, gestielt, 1 bis 6 pro Blütentrieb, Grundfarbe weiß mit dunklem, purpurnem Fleck und rosapurpurnen Streifen.

Drosera communis

Verbreitung: Mittel- und Südamerika.

Merkmale: Laubblätter eiförmig, Blütenstandschaft sehr lang, unten behaart. Blüten weiß.

Drosera cuneifolia

Verbreitung: Afrika.

Merkmale: Blätter in einer Rosette, keilförmig bis verkehrt eiförmig. Blütenstand bis zu 30 cm. Vielblütig. Blüten purpurn.

Drosera curvipes

Verbreitung: Afrika.

Merkmale: Kurzstämmige Pflanze mit linealisch bis schmal verkehrt eiförmigen Blättern, auf der Unterseite etwas behaart, wenigblütig. Blüten dunkelpurpurn.

Drosera drummondii

Verbreitung: Australien.

Merkmale: Sproßachse kurz, Blätter langgestielt, verkehrt eiförmig. Blütentrieb bis 10 cm lang, wenigblütig. Blüten groß, rosa.

Drosera erythrorhiza

Verbreitung: Australien.

Merkmale: Zwiebelbildende Pflanze. Die Laubblätter sind breit, verkehrt eiförmig bis kreisrund. Blütenstandschaft bis 10 cm lang mit locker stehenden weißen Blüten.

Drosera filicaulis

Verbreitung: Australien.

Merkmale: Bis zu 20 cm hohe Sproßachse. Untere Blätter schmal, obere Blätter schildförmig auf fadigen Blattstielen, Spreite kreisrund. Blüten groß, rot.

Drosera filiformis

Verbreitung: Nordamerika.

Merkmale: Laubblätter fadenförmig, sehr lang, basal mit einem wolligen Stiel. Blüten hellviolettrot. Mehrblütig, aber nur eine Blüte ist jeweils geöffnet. Blütenstiel kaum länger als die Laubblätter.

Blütezeit: Juni.

Drosera flabellata

Verbreitung: Australien.

Merkmale: Pflanze mit alternierend stehenden, kreisrunden Laubblättern. Blüten weiß in einer endständigen Trugdolde.

Drosera gigantea

Verbreitung: Australien.

Merkmale: Zwiebelbildende Pflanze. Sproßachse relativ kräftig.

Blätter schildförmig, einseitig tief eingebuchtet. Die beiden Spitzen sind zu langen, drüsenhaarigen Anhängseln ausgezogen. Blütenrispen endständig; Blüten klein, weiß.

Blütezeit: August bis Dezember.

Drosera glanduligera

Verbreitung: Australien.

Merkmale: Blätter in einer dichten Rosette angeordnet, mehr oder weniger kreisrund, nicht schildförmig. Blütenstiel kurz. Blüten metallisch orange (rosenholzfarbig).

Drosera graminifolia

Verbreitung: Brasilien.

Merkmale: Pflanze mit aufrechten, länglich-linealischen Blättern, unterseitig weich behaart. Der Blütenstandschaft ist dreikantig, weich behaart.

Drosera graniticola

Verbreitung: Australien.

Merkmale: Bis zu 20 cm hohe Pflanze. Blätter einzeln oder in Zweiergruppen am Stamm verteilt. Die Blüten – bis zu 10 – sind weiß.

Blütezeit: August bis September.

Drosera heterophylla

Verbreitung: Südwestaustralien.

Merkmale: Wurzeln von alten Blattresten verdeckt. Die Laubblätter sind schildförmig, kreisförmig bis leicht ausgebuchtet. Bis zu drei große, weiße Blüten stehen in einfachen Trauben.

Blütezeit: Juni bis September.

Drosera gigantea; diese australische Art hat riesige Fangarme. Das Bild zeigt deutlich die gestielten Drüsen mit den Fangschleimtropfen, die auf das nächste Opfer warten

Drosera hilaris

Verbreitung: Südafrika.

Merkmale: Kurzstämmige Pflanze mit spatelförmigen Blättern, die zu einem Stiel verschmälert sind. Der Blütentrieb ist bis 30 cm lang und trägt große, dunkelpurpurne Blüten.

Drosera hirtella

Verbreitung: Brasilien.

Merkmale: Blätter verkehrt eiförmig bis rundlich, beiderseitig mit Drüsenhaaren besetzt, kurz gestielt. Blütentrieb weichhaarig. Blüten weißlich bis gelb.

Drosera huegelii

Verbreitung: Südwestaustralien.

Merkmale: Bis 20 cm große Pflanzen mit lang gestielten, schildförmig stehenden, kreisrunden, konkaven Laubblättern, die meist glockig und zurückgebogen stehen. Die großen cremeweißen Blüten wachsen in einer lockeren Trugdolde.

Drosera incisa

Verbreitung: Kuba.

Merkmale: Die fast keilförmigen Laubblätter stehen in einer kleinen Rosette. Kurzer Blütentrieb mit kleinen weißen Blüten.

Drosera indica

Verbreitung: Südafrika, Asien, Australien.

Merkmale: Stattliche Pflanze mit bis zu 50 cm hohem Stamm. Die Blätter sind linealisch. Blüten in seitenständigen Ähren, groß, weiß.

Drosera intermedia

Verbreitung: Europa, Nord- und Südamerika.

Merkmale: Die Stämme dieser ungewöhnlichen *Drosera*-Art sind relativ lang. Sie können eine Länge von 20 cm erreichen. Ansonsten ist die Pflanze – bis auf die schmaleren und kürzeren Blattspreiten *D. anglica* sehr ähnlich. In Freilandkulturen bekommt *Drosera intermedia* einen diffusen, roten Farbton. Die Blüten sind in der Regel weiß.

Blütezeit: Juni bis August.

Drosera leucoblasta

Verbreitung: Südwestaustralien.

Merkmale: Blätter in einer Rosette, langgestielt, kreisrund. Der Blütenstandschaft trägt 2 bis 3 weiße Blüten.

Drosera linearis

Verbreitung: Nordamerika.

Merkmale: Laubblätter linealisch bis 2 cm, langgestielt (bis 2 cm). Blüten klein, weiß.

Blütezeit: Juni bis August.

Drosera exotica; eine kleine aber außerordentlich prächtige *Drosera*-Art, die ihre volle Schönheit erst entfaltet, wenn man sie in Horsten pflanzt

Drosera loureirii

Verbreitung: China.

Merkmale: Pflanze mit länglich-spatelförmigen Blättern, die zu einem langen, weichhaarigen Stiel zusammengezogen sind. Blüten klein, weiß.

Drosera macrantha

Verbreitung: Südwestaustralien.

Merkmale: Stämme bis 50 cm, kletternd. Die schildförmigen Blätter sind klein, kreisrund. Die großen Blüten sind weiß oder rötlich.

Blütezeit: Juli bis August.

Drosera macrophylla

Verbreitung: Südwestaustralien.

Merkmale: Laubblätter verkehrt eiförmig, in einen dünnen Stiel zusammengezogen. Die 2 bis 3 großen weißen Blüten stehen auf einem schlanken Schaft.

Drosera madagascariensis

Verbreitung: Madagaskar, tropisches Afrika.

Merkmale: Laubblätter verkehrt eiförmig. Blütenstiel sehr lang.

Drosera maritima

Verbreitung: Brasilien.

Merkmale: Laubblätter spatelförmig. Blütentrieb kurz; Blüten klein, weiß.

Drosera menziesii

Verbreitung: Südwestaustralien.

Merkmale: Zwiebelbildende Pflanze. Stamm bogig aufrecht. Die Laubblätter sind schildförmig, kreisrund, klein. Die Blütenähre ist aus großen weißen, gelben oder roten Blüten aufgebaut.

Drosera montana

Verbreitung: Brasilien, Venezuela.

Merkmale: Die länglichen Blätter sind nur kurz gestielt. Blütenstandschaft flach, mit Drüsenhaaren besetzt. Die Blüten sind klein, weißlich.

Drosera myriantha

Verbreitung: Südwestaustralien.

Merkmale: Knollige Pflanzen mit bis zu 20 cm hohen, beblätterten Sproßachsen. Die unteren Blätter sind schmal, die oberen schildförmig, kreisrund. Die zahlreichen, sehr kleinen Blüten sind weiß.

Drosera neesii

Verbreitung: Südwestaustralien.

Merkmale: Pflanze, die keine Blattrosette ausbildet. Die Stengelblätter sind schildförmig. Die großen roten oder purpurnen Blüten stehen in lockeren Trugdolden.

Drosera nitidula

Verbreitung: Südwestaustralien.

Merkmale: Schlanke Pflanze mit kurzer Sproßachse und kurzge-

Drosera nitidula ist in Südwestaustralien beheimatet

stielten, mehr oder weniger kreisrunden, lang bewimperten Laubblättern. Der Blütentrieb ist kurz; die kleinen Blüten sind weiß.

Drosera paleacea

Verbreitung: Südwestaustralien.

Merkmale: Äußerst kleine Pflanze. Laubblätter erst in kleinen Rosetten, später an 2 bis 3 cm langen, schmalen Stielchen. Die Blätter sind verkehrt eiförmig, die Blüten klein, weißlich.

Drosera pallida

Verbreitung: Südwestaustralien.

Merkmale: Sproßachse bis 40 cm hoch. Laubblätter schildförmig, klein, kreisrund, Blüten weiß.

Drosera parvifolia

Verbreitung: Brasilien.

Merkmale: Sehr kleine Pflanze mit spatelförmigen Blättern, deren Ränder nicht mit Drüsenhaaren besetzt sind, 2- bis 3-blütig.

Drosera parvula

Verbreitung: Südwestaustralien.

Merkmale: Äußerst kleine Pflanze. Laubblätter erst in kleinen Rosetten, später an 2 bis 3 cm langen, schmalen Stielchen, die dicht gedrängt stehen. Die Blätter sind verkehrt eiförmig, die Blüten klein, weißlich.

Drosera pauciflora

Verbreitung: Südafrika.

Merkmale: Pflanze ohne Stamm. Die Blätter sind spatel- bis keilförmig. Der Blütenstandschaft ist mit Drüsenhaaren besetzt, kurz, im allgemeinen einblütig. Blüte weiß oder weißlich.

Drosera peltata

Verbreitung: Australien, Neuguinea, tropisches Asien, Japan, Taiwan.

Merkmale: Zwiebelbildende Pflanze mit bis zu 30 cm hoher Sproßachse und schildförmigen, halbkreisförmigen Blättern. Die großen weißen Blüten stehen in lockeren Ähren.

Drosera petiolaris

Verbreitung: Australien.

Merkmale: Pflanze mit sehr kurzer Sproßachse, die mit langen Haaren besetzt ist. Die Blätter sind rosettig, kreisrund, langgestielt. Der Blütentrieb ist bis zu 20 cm lang und trägt mittelgroße, weißliche Blüten.

Drosera platystigma

Verbreitung: Südwestaustralien.

Merkmale: Sehr kleine, kreisrunde Blätter, kurzer Blütenstiel mit einer bis wenigen Blüten.

Drosera pusilla

Verbreitung: Venezuela.

Merkmale: Sehr kleine Pflanze mit spatelförmigen Blättern, die besonders am Rand dicht mit Drüsenhaaren besetzt sind. 2- bis 3-blütig.

Drosera pygmaea

Verbreitung: Australien, Neuseeland.

Merkmale: Sehr kleine Pflanze mit überwinternder Rosette. Die Blätter sind langgestielt, kreisrund. Der Blütenstiel ist bis 3 cm lang und trägt ein einziges kleines, weißes Blütchen.

Drosera ramellosa

Verbreitung: Südafrika.

Merkmale: Pflanze mit alternierenden, kreisrunden Laubblättern und großen weißen Blüten.

Drosera ramentacea

Verbreitung: Südafrika.

Merkmale: Sproßachse lang, bis zum Ansatz in Blattreste eingewikkelt. Die Blätter sind langgestielt, schmal, verkehrt eiförmig. Der lange Blütentrieb trägt mehrere dunkelpurpurne Blüten.

Drosera rosulata

Verbreitung: Südwestaustralien.

Merkmale: Blätter am Ende der Sproßachse rosettig gedrängt, verkehrt eiförmig, mit kurzem Stiel, einblütig, Blüte klein, weiß.

Drosera rotundifolia

Verbreitung: Nördliche Halbkugel.

Merkmale: Diese prächtige Pflanze wächst in den Mooren und Sumpfgebieten der temperierten Zonen Amerikas und Europas. *D. rotundifolia* gedeiht vor allem in *Sphagnum*-Vegetationen, wobei die *Drosera*-Pflanzen sich an intakten Standorten ihrer Umgebung so anpassen, daß sie kaum erkennbar sind. Durch die immer weiter voranschreitende Besiedelung werden die Moore und Feuchtgebiete vermehrt trockengelegt. *Drosera rotundifolia* verliert somit in zunehmendem Maße ihren lebensnotwendigen Vegetationsraum und ist stark vom Aussterben bedroht. Nicht zuletzt deswegen wurde *Drosera rotundifolia* von der Stiftung Naturschutz Hamburg/Stiftung zum Schutze gefährdeter Pflanzen zur Blume des Jahres 1992 gekürt. Bereits im letzten Jahrhundert war *Drosera rotundifolia* eine sehr bekannte

Drosera rotundifolia wurde zur „Blume des Jahres 1992“ erklärt, weil ihre Standorte und damit ihr Vorkommen zunehmend gefährdet sind

Drosera stolonifera; die weißen Blüten stehen in einer Trugdolde hoch über den tödlichen Fangarmen

Drosera sphathulata

Verbreitung: Australien, Neuseeland, Asien, Japan.

Merkmale: Blätter rosettig, langgestielt, verkehrt eiförmig. Blütentrieb bis 15 cm lang. Blüten weiß bis rot.

Drosera spiralis

Verbreitung: Brasilien.

Merkmale: Die Laubblätter sind spiralig gedreht, linealisch, ungestielt. Die Blütenähren stehen auf einem langen Schaft.

Drosera stolonifera

Verbreitung: Südwestaustralien.

Merkmale: Zwiebelbildende Pflanze mit kurzgestielten, verkehrt eiförmigen Blättern in der Wurzelrosette. Aus der Wurzelrosette bilden sich „Etagenrosetten" mit kreisrunden Blättern. Die großen roten Blüten sind in einer Trugdolde angeordnet.

Drosera tomentosa

Verbreitung: Brasilien.

Merkmale: Pflanze mit länglich linealischen Blättern, die am Rand mit Drüsenhaaren, unterseitig mit weichen und oberseitig mit steifen, borstenähnlichen Haaren besetzt sind. Die weißen Blüten bilden einen aufrechten Blütenstand.

Pflanze; der wohl bekannteste Biologe aller Zeiten, Charles Darwin, widmete ihr fast die Hälfte seines klassischen Werkes über die Karnivoren.

Merkmale: Die Blattrosetten erreichen im allgemeinen einen Durchmesser von bis zu 8 cm. Die Blattpetiolen sind bis zu 4 cm lang und die Blattspreiten bis 1 cm breit. Im allgemeinen sind diese quer oval, selten fast kreisrund, aber immer breiter als lang. Dies ist ein sehr gutes Erkennungsmerkmal. Die Blüten sind im allgemeinen weiß, selten pink.

Blütezeit: Juni bis September.

Drosera sessilifolia

Verbreitung: Brasilien, Guayana.

Merkmale: Blätter spatelförmig, in einer gedrängten Rosette.

Drosera tracyi

Verbreitung: Nordamerika.

Merkmale: Wahrscheinlich nur eine geographische Varietät von *D. filiformis*. Die Blätter werden bis 50 cm lang und sind einfarbig grün.

Drosera uniflora

Verbreitung: Südamerika, Antarktisches Inselgebiet.

Merkmale: Die Blätter dieser *Drosera*-Art sind drüsenlos und fast rund.

Drosera whittakeri; die breitspatelförmigen Fangblätter mit ihren langgestreckten, fangschleimtragenden Drüsen sind eine tödliche Falle

Drosera villosa

Verbreitung: Brasilien.

Merkmale: Blätter linealisch-lanzettlich, an der Unterseite weichhaarig, auf der Oberseite mit Drüsenhaaren besetzt. Blütenstandschaft aufrecht, Blüten weiß.

Drosera whittakeri

Verbreitung: Südwestaustralien.

Merkmale: Ähnlich wie *Drosera bulbosa* zwiebelbildend. Blattstiel mit 3 deutlichen Nerven.

Kultur

Kulturraum: Da die *Drosera*-Arten aus den verschiedensten klimatischen Gegenden stammen, ist es nicht möglich, allgemeingültige Kriterien für den Kulturraum festzulegen. Man sollte aber immer versuchen, den klimatischen Bedingungen des Heimatareals so gerecht wie möglich zu werden. Einige Hinweise sind im Anhang zusammengefaßt.

Substrat: Lebendes *Sphagnum*, eine Mischung aus *Sphagnum* und anderen Moosarten oder eine Mischung von *Sphagnum* und kalkfreiem Sand. Der pH-Wert (Säuregrad) des Substrates sollte immer zwischen 4,5 und 6,5 (leicht- bis mittelsauer) liegen.

Düngung: Keine

Licht und Temperaturen: Die winterharten Arten (siehe Anhang) lassen sich das ganze Jahr hindurch in Freilandkultur halten. Im Herbst werden die Erneuerungsknospen ausgebildet, die im Frühjahr wieder austreiben. Bei diesen Arten ist eine leichte Winterruhe bei ca. 6 °C einzuhalten.
Die subtropischen, immergrünen Arten (siehe Anhang) werden im Winter hell und feucht bei 15 bis 18 °C gehalten.
Bei den zwiebelbildenden *Drosera*-Arten, unter anderem den australischen Spezies (siehe Anhang), gibt es eine Sommerruhe zu beachten. Nach der hellen, feuchten Überwinterung bei 15 bis 25 °C fangen die oberirdischen Triebe im Frühjahr an abzusterben. Während des Sommers sollte diesen Pflanzen Schatten gewährt werden.

Wasser und Luftfeuchtigkeit: Während der Wachstumsperiode sind die Pflanzen oft und ausgiebig zu wässern. Die Luftfeuchtigkeit sollte immer so hoch wie möglich gehalten werden und bei den subtropischen und tropischen Arten nie unter 70 % absinken. Winterharte Arten, die eine leichte Winterruhe brauchen, sind während dieser mäßig feucht zu halten. Zwiebelbildende Arten sollten während der Sommerruhe trocken stehen.

Vermehrung: *Drosera*-Arten lassen sich sowohl über Saat als auch vegetativ recht gut vermehren. Der staubfeine Samen wird auf Torfmüll ausgesät. Die Aussaaten werden nicht abgedeckt, *Drosera*-Arten sind ausgesprochene Lichtkeimer. Die Saat braucht außerdem unbedingt eine Frostperiode. Das Keimverhalten ist allgemein gut, jedoch gibt es einige Arten, wie *Drosera intermedia*, die nur mäßig Keimwilligkeit zeigen.
Die meisten *Drosera*-Arten vermehren sich aber vegetativ sehr gut, sie wachsen sehr schnell zu

Polstern aus. Auf den Blättern bilden sich im Herbst Adventivsprosse, aus denen neue Pflanzen hervorgehen. Auch das Ausstreuen von Brutknospen ist bei einigen Arten eine erfolgversprechende Vermehrungsmethode.

Drosophyllum (Das Taublatt)

Drosophyllum war bereits 1661 bekannt und wurde im Jahre 1689 von J. P. de Tournefort (1656-1708) als *Ros solis lusitanicus maximus* in seiner „Portugiesischen Flora“ beschrieben. Diese Gattung besteht aus einer einzigen Art, *Drosophyllum lusitanicum*; sie ist eindeutig eng mit den *Drosera*-Arten verwandt. Das Taublatt ist vor allen von der Iberischen Halbinsel und Marokko bekannt, wo es früher angeblich in den Bauernhäusern als Fliegenfänger aufgehängt wurde. Diese Aussage muß angezweifelt werden, da *Drosophyllum*, obwohl es am natürlichen Standort im Fangen von kleineren Fliegen sehr erfolgreich ist, nach dem Pflücken schnell austrocknet und jegliche Klebwirkung verliert.

Drosophyllum lusitanicum

Verbreitung: entlang der südwestlichen europäischen Mittelmeerküste und auf der Nordspitze Marokkos sowie entlang der Atlantikküste Portugals bis in die Gegend um Porto, die im Norden das Areal von *D. lusitanicum* begrenzt. Die östliche Arealgrenze befindet sich im portugiesisch-spanischen Grenzgebiet. Eigenartigerweise fehlt die Pflanze fast im ganzen Golf von Cadiz, was darauf zurückzuführen sein mag, daß die Küstenlinie sich in diesem Bereich in rezenter geologischer Zeit mit Sicherheit entscheidend verändert hat. In der Gegend vom Kap Trafalgar findet man wieder *Drosphyllum*-Populationen, die sich auf beiden Seiten Gibraltars, im Osten bis nach Estepona, ausbreiten.

Drosophyllum lusitanicum ist eindeutig kalkfliehend. Die Pflanze wächst fast in ihrem gesamten Verbreitungsgebiet auf ziemlich nährstoffarmen Böden, die aus miozänen Sandsteinformationen hervorgegangen sind. Die typischen Standorte befinden sich an steilen, mit Felsbrocken übersäten Hängen, die meistens nach Süden oder Südwesten ausgerichtet sind. Aufgrund der Nähe zum Meer ist davon auszugehen, daß zumindest ein Teil der Populationen salzresistent ist. Die Hänge verlieren sehr schnell die Bodenfeuchtigkeit und von Ende April bis Anfang Oktober bleiben sie vollständig trocken. *Drosophyllum lusitanicum* ist eine Pionierpflanze. Überall dort, wo die Bodenvegetation gestört wurde, egal ob auf natürlichem Wege oder durch anthropogene Eingriffe, werden *Drosophyllum*-Pflanzen angetroffen. Es mag Zufall sein, daß das Verbreitungsareal mit der Störzone zwischen den europäischen und afrikanischen tektonischen Platten zusammenfällt. Kleine Erdbeben kommen hier oft vor und auch größere Erdbebenkatastrophen sind nicht unbekannt. Außerdem sind diese Gebiete durch extreme Bautätigkeit und ausgedehnte Militärübungen der portugiesischen und spanischen Heere ständig stark beansprucht.

An frischen Erdaufschlüssen, wo keine Konkurrenz vorhanden ist, findet man *Drosophyllum*-Populationen mit großen Pflanzen, die oft blühen. Wenn sich andere Vegetation ausbreitet, bildet *Drosophyllum* häufig höhere Pflanzen aus, die nach oben dringen und über ihrer „Begleitvegetation“ neue Triebe ausbilden. Solche *Drosophyllum*-Formationen wurden in Populationen von *Calluna vulgaris, Erica* und *Stauracanthus* beobachtet. Auf den ersten Blick könnte man hier annehmen, daß die *Drosophyllum*-Pflanzen als Epiphyten oder sogar als Halbparasiten wachsen, aber eine nähere Betrachtung bringt immer einen langen, dünnen Stamm zum Vorschein, der vom Boden aus die Vegetation durchbricht. Die Pflanzen sind offensichtlich auch in dieser Umgebung erfolgreich. Durch dendrochronologische Untersuchungen konnte festgestellt werden, daß einige Pflanzen sogar bis zu 7 Jahre alt und bis zu 1,6 m hoch wurden, bevor sie einem Brand zum Opfer fielen.

Merkmale: *Drosophyllum lusitanicum* hat ein gut ausgebildetes Wurzelsystem. So kann die Pflanze über längere Zeit (bis zu 5 Monate) ohne Wasser überleben. Während dieser Zeit bleibt sie voll funktionsfähig, obwohl die Blätter nur durch eine dünne Cuticula vor dem Austrocknen geschützt sind. Die Blätter sind linealisch, bis zu 30 cm lang, im Querschnitt fast dreieckig und an der Oberseite mit einer tiefen Furche versehen. Das Leitgewebe verzweigt sich bis zu

den gestielten Drüsen und unter das ungestielte Verdauungsgewebe. Die sich entwickelnden Blattwickel zeigen – im Unterschied zu der verwandten Gattung *Drosera* – mit der Spitze nach außen. Ein anderes typisches Kennzeichen ist, daß auch die abgestorbenen Blätter nicht abgeworfen werden und die Pflanze dadurch recht buschig erscheint.

Die Insekten werden durch die Absonderungen der gestielten Drüsen und die Lichtspiele, die durch die Brechung der UV-Strahlen entstehen, angelockt. Während die alten, abgestorbenen Triebe die Strahlung reflektieren und in der Pflanze einen hellen Hintergrund bilden, absorbieren die lebenden, grünen Klebfallen das Licht.
Auch bei *Drosophyllum* entwikkeln die gestielten Drüsen ein rötliches Pigment, vor allem wenn die Pflanze in vollem Licht wächst. Diese Farbe ändert sich, sobald die Drüse Verdauungsfunktionen übernimmt.

Drosophyllum lusitanicum ist wahrscheinlich die einzige mit Klebfallen ausgestattete karnivore Pflanze, die ihre Beute durch ihren Geruch anlockt. Der intensive, honigartige Duft, der von den Pflanzen ausgeht, ist von weitem wahrnehmbar.

Der Fangschleim, der durch die gestielten Drüsen von *Drosophyllum lusitanicum* ausgeschieden wird, ist dem von *Drosera* sehr ähnlich. Er weist lediglich einen etwas größeren Säuregehalt (pH-Wert 2,5 bis 3,0) auf und besteht zu

Drosophyllum lusitanicum ist vor allem von der Iberischen Halbinsel und Marokko bekannt

19 % aus Polysacchariden (Xylose, Glukonsäure, Galactose, Arabinose und geringe Anteile von Rhamnose). Im Gegensatz zum Fangschleim von *Drosera* ist keine Mannose vorhanden. Abgesehen von diesen Bestandteilen, werden von den gestielten Drüsen außerdem Hydrolasen ausgeschieden, die im Verdauungsprozeß der Beute eine wichtige Rolle spielen.

Die Absorption der Tierprodukte erfolgt durch die ungestielten (sessile) Drüsen. Der eigentliche Absorptionsprozeß ist aber weiterhin unbekannt.

Drosophyllum bringt größere, gelbe Blüten hervor, die sich deutlich von der Fallenfarbe absetzen. Anscheinend sollen Fallen und Blüten nicht zu verwechseln sein, oder anders gesagt, die Bestäuber laufen so nicht Gefahr zu Opfern zu werden. Außerdem kann die Falle nur kleineren Insekten gefährlich werden, nicht aber Insekten der Größe, die für die Bestäubung notwendig sind. Die großen Unterschiede in der Blütenbiologie zwischen *Drosera* und *Drosophyllum* deuten darauf hin, daß die Entwicklung der zwei Gattungen schon sehr lange getrennt verläuft, ein eventueller gemeinsamer Vorfahre also in einer sehr frühen Zeit vermutet werden muß.

Kultur

Kulturraum: Temperiertes Gewächshaus, im Sommer auch Freilandkultur.

Substrat: Wie bereits dargelegt, hat *Drosophyllum* im Gegensatz zu den meisten anderen karnivoren Pflanzen ein ausgedehntes Wurzelsystem. Die Pflanze gedeiht daher am besten auf sandigen Böden, die aber sehr durchlässig sein sollten, da *Drosophyllum* überhaupt keine Staunässe verträgt.

Düngung: Keine

Licht und Temperaturen: *Drosophyllum* braucht sehr viel Licht. Im Winter vertragen die Pflanzen bis 5 °C und im Sommer dürfen die Temperaturen ruhig bis auf 35 °C ansteigen. Die Pflanzen sollten halbschattig überwintert werden.

Wasser und Luftfeuchtigkeit: Während der Vegetationsperiode sollte ausgiebig gewässert werden, im Winter sind die Pflanzen aber nur mäßig feucht zu halten. *Drosophyllum* ist äußerst empfindlich gegen Staunässe. Die Luftfeuchtigkeit sollte dagegen so hoch wie möglich gehalten werden.

Vermehrung: Durch Saat.

Ibicella

Obwohl die karnivoren Eigenschaften dieser Gattung bereits 1875 durch einen Naturforscher namens W. J. Beal erkannt wurden, war sie bisher kaum in irgendwelchen Auflistungen von karnivoren Pflanzen vertreten. Auch die Taxonomie hat oft zu Verwirrung geführt und die Gattung wird zumindest von einigen Autoren als *Martynia* oder *Proboscidea* bezeichnet.

Die Gattung umfaßt nur eine einzige Art, *Ibicella lutea*.

Ibicella lutea

Verbreitung: Randgebiet der Wüste Sonora im Südwesten der Vereinigten Staaten Amerikas.

Merkmale: *Ibicella* ist – wie *Drosophyllum* – eine der wenigen karnivoren Pflanzen, die ein ausgedehntes Wurzelsystem aufweisen. Das erklärt sich durch ihre trockenen Heimatareale – saure Böden, die über längere Zeit ohne Regen bleiben. Ökologische Untersuchungen in bezug auf *Ibicella* sind bisher nicht durchgeführt worden, und entsprechend wenig kann deshalb über die Biologie der Pflanze mitgeteilt werden.

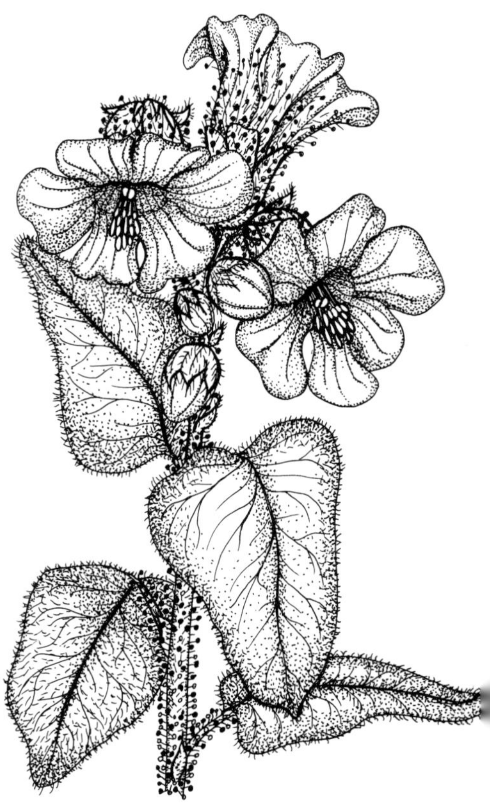

Ibicella lutea

Pinguicula esseriana

Ibicella hat eine eindeutige Klebfalle entwickelt. Die Laubblätter der Pflanze sind sowohl mit sitzenden, als auch mit zwei verschiedenen Arten von mehrzelligen, gestielten Drüsen versehen. Zumindest einer der gestielten Drüsentypen scheidet einen Fangschleim aus. Es ist sowohl an kultivierten, als auch an Pflanzen in natürlicher Umgebung beobachtet worden, daß die Blattoberflächen klebrig sind und mehrere Arten kleinerer Insekten diesem Umstand zum Opfer fallen.

Kultur

Kulturraum: Temperiertes bis warmes Gewächshaus.

Substrat: Sandiger Lehm.

Düngung: Keine

Licht und Temperaturen: Sehr hell. Im Sommer mit Tagestemperaturen bis zu 40 °C. Nachts aber immer mit einer Temperatursenkung von 7 bis 10 °C.

Wasser und Luftfeuchtigkeit: Während der Vegetationsperiode sind die Pflanzen mäßig feucht zu halten. Zwischen den Wassergaben sollte das Substrat ziemlich austrocknen. Im Winter ist *Ibicella* trocken und kühler zu halten. Die Luftfeuchte sollte immer über 70 % liegen.

Vermehrung: Über Saat. Dies ist relativ einfach und bringt hohe Erfolgsraten. *Ibicella lutea* ist sehr dankbar in der Kultur und verträgt manche Kulturfehler solange sie sehr hell steht.

Pinguicula (Das Fettkraut)

Die Gattung *Pinguicula* mit ihren ca. 48 Arten ist vor allem auf der nördlichen Halbkugel beheimatet und besiedelt sowohl subarktische als auch die gemäßigten und tropischen Regionen. Drei Arten sind auch von Südamerika bekannt.

Alle *Pinguicula*-Arten haben eine Vorliebe für feuchte bis dauernasse Böden. Sowohl saure Standorte (Sümpfe) als auch alkalische Areale auf Kalkstein werden besiedelt. Das Hauptverbreitungsgebiet befindet sich im nördlichen Teil des neotropischen Florenbereiches Mittel- und Südamerikas.

Bereits 1479 wurde *Pinguicula* durch Vitus Auslasser in seiner Handschrift „*Macer de herbarium*“ als „smalz chrawt“ (Fettkraut) beschrieben. Den Namen „*Pinguicula*“ erhielt die Pflanze von Konrad Gessner (1516-1565), der ihn vom lateinischen *pinguis* (fett, dick) ableitete.

Die Grundstruktur der *Pinguicula*-Pflanzen ist sehr einfach. An einem kurzen, vertikalen Sproß sitzt eine kompakte Blattrosette, die bei fast allen Arten flach am Boden liegt. *Pinguicula*-Pflanzen, die in der vollen Sonne wachsen sind hellgrün, Pflanzen an schattigen Standorten dunkler. Die Blätter sind weich, sehr verletzlich und fühlen sich fettartig oder wachsartig an. Sowohl die Blätter als auch die Sprosse und die Blütentriebe sind vollständig dicht mit gestielten und sitzenden Drüsen besetzt. Die gestielten Drüsen geben einen Fangschleim ab, wobei die Zusammensetzung bisher nicht geklärt wurde. Auch die eigentlichen Vorgänge, die zur Anlockung möglicher Beute führen, sind weitgehend unbekannt. Die optischen Veränderungen durch die Absorption von UV-Licht dürften hier aber eine Rolle spielen.

Charles Darwin blieb es überlassen darauf hinzuweisen, daß die Klebfalle von *Pinguicula* in Wirklichkeit aktiv ist. Nachdem das Beuteinsekt dem klebrigen Fangschleim zum Opfer gefallen ist, biegen sich die Blattränder nach oben, decken somit die Beute ab und formen eine geschlossene „Verdauungskammer". Diese Bewegung geht sehr langsam vor sich und wird durch den veränderten Zelleninnendruck (Turgor) und/oder die Absorption von stickstoffhaltiger Materie gesteuert. Nachdem die Verdauung, die anscheinend extrem kompliziert abläuft, abgeschlossen ist, geht das Blatt in seine Ursprungsstellung zurück. Der Gesamtvorgang dauert zwischen einigen Stunden und mehreren Tagen. Ob die Blattbewegung auch zum Festhalten der Beute dient, wie es von Darwin vorgeschlagen wurde, ist bisher nicht geklärt worden, keineswegs aber auszuschließen.

Ausgewählte Arten

1. Arten mit Winterknospen

Während der Wintermonate sterben die meisten *Pinguicula*-Arten des gemäßigten Klimaraumes ab. Nur eine Blattknospe bleibt. Dieses Hibernakel oder die Überwinterungsknospe wird bereits im Sommer in der Mitte der Blattrosette gebildet. Sie besitzt im allgemeinen keinerlei Halt, da sie keine Wurzeln hat. Daher kann die Pflanze im Ruhestadium ohne weiteres durch Regen und Wind oder durch Tiere zu einem anderen Standort getragen werden. Auf diese Weise ist eine gute Verbreitung gesichert, unabhängig von den sicherlich auftretenden Verlusten.

Ferner werden von den meisten *Pinguicula*-Arten Brutzwiebeln gebildet – die sogenannten Bulbillen. Auch diese werden bereits im Spätsommer ausgebildet und wachsen als Knospen in den Blattachseln, so daß sie nach dem Absterben der Blätter rund um das Hibernakel (Winterknospe) angeordnet sind. Auch diese Bulbillen können aber abgelöst und weitertransportiert werden und dienen somit auch der Verbreitung der Art. Wenn die Winterknospe weiter weg getragen wird, bleiben oft einige Bulbillen auf der Erde um den Ursprungsplatz zurück und sichern dort den Weiterbestand der Population. Bleibt die Mutterpflanze aber am Ursprungsstandort, so werden die Bulbillen in der nächsten Vegetationsperiode einfach überwachsen. Die Vermehrung durch Bulbillen kann aber sehr erfolgreich sein und steht in manchen Populationen der sexuellen Vermehrung der Pflanzen nicht nach. Bis zu 50 Brutzwiebeln kann eine einzige *Pinguicula*-Pflanze ausbilden.

Aus der Winterknospe gehen im Frühjahr die neuen Blätter hervor. Gleichzeitig beginnt die Wurzelbildung, so daß die Pflanze erneut im Boden verankert wird. Die Entwicklung aus Brutzwiebeln geht auf die gleiche Art vor sich. Die Rosette, die aus der Brutknospe wächst, ist aber winzig. Es gibt ungefähr 15 Winterknospen bildende und somit winterharte Arten. Nur die am weitesten verbreiteten sind hier aufgeführt:

Pinguicula alpina

Verbreitung: Pyrenäen, Jura, Alpen, ferner Schottland, Irland und Skandinavien; bis ca. 1600 m (in Nordskandinavien auch relativ tief bis auf Meereshöhe).

Merkmale: Das „Alpen-Fettkraut" gedeiht auf den verschiedensten Böden, normalerweise in Sümpfen und Quellmooren; es kommt aber auch an trockeneren Stellen vor. Die Wurzeln dieser Art bleiben im Winter erhalten und verankern somit auch die Winterknospe. Die Laubblätter sind in einer Rosette angeordnet und bis zu 3 cm lang. Sie sind durch die deutliche Zuspitzung der Enden eher länglich dreieckig als elliptisch. Die Blattrosette wird häufig vom Substrat abgedeckt. Die Infloreszenz wird etwa 10 cm hoch und trägt eine weißliche Blüte mit orangefarbenem Schlundfleck. Eine prächtige Art, die sich für die Kultur in Gärten besonders eignet.

Blütezeit: Die Blüte entfaltet sich normalerweise zwischen Mai und Juni.

Pinguicula grandiflora

Verbreitung: Frankreich, Schweiz, Spanien, England, Schottland, Irland.

Merkmale: Das „Großblütige Fettkraut“ (im angelsächsischen Bereich „Irisches Fettkraut“) besiedelt wie *Pinguicula vulgaris* die verschiedensten Biotope. Es bevorzugt aber eindeutig alkalische Böden. Die Blätter der Rosette sind bis 26 cm lang. Sie unterscheiden sich jedoch von denen der *Pinguicula vulgaris* durch ihre ovale Form. Die Blütenstiele werden bis 18 cm lang und tragen eine einzelne, bis 2,5 cm große, tief purpurviolett gefärbte Blüte mit weißem Schlundfleck und langem Sporn. Die Blütenfärbung ist bei den meisten Populationen sehr variabel und Pflanzen mit fast weißen oder hellrosa Blüten sind mancherorts keine Seltenheit.

Pinguicula vulgaris

Verbreitung: Weit verbreitet in Europa, Sibirien und von Kanada bis zum Norden Kaliforniens.

Merkmale: Das „Blaue Fettkraut“ bevorzugt nasse Böden und gedeiht sowohl unter sauren als auch unter alkalischen Bedingungen. Man findet es vor allem in der Nähe von Rinnsalen, Mooren und Rieselfluren sowie auf der Sonne ausgesetzten Sandbänken, die einen guten Wasserabfluß haben, ferner im Schwarztorf der Flachmoore, bis in die Höhe von 2500 m. Die Rosetten bestehen aus schmalen, hellgrünen Blättern. Der Durchmesser der Sommerrosette kann bis zu 16 cm betragen. Ausgewachsene Pflanzen bilden bis zu 3 Blütenstände aus, die jeweils bis zu 15 cm hoch werden können. Am Ende des Blütenstandes befindet sich eine einzige, bis ca. 2 cm große violette Blüte mit weißem Schlund.

Pinguicula vulgaris wurde von den Bauern lange Zeit vernichtet, da es im Verdacht stand, bei Schafen eine tückische Lebererkrankung hervorzurufen. Die Annahme beruht auf der Tatsache, daß das Verbreitungsgebiet der *Pinguicula*-Art mit dem der als „Leberfäule“ bekannten Krankheit identisch ist. Inzwischen ist aber geklärt, daß die Schafskrankheit durch einen parasitären Saugwurm, den Leberigel, ausgelöst wird, der aufgrund seines komplizierten Lebenskreislaufes den gleichen Lebensraum wie *Pinguicula vulgaris* bevorzugt.

In Skandinavien wurde (in Lappland ist dies sogar noch heute der Fall) das Fettkraut sehr oft zur Milchgerinnung verwendet, da die von der Pflanze abgesonderten Verdauungssäfte sauer sind.

2. Arten ohne Winterknospen

Diese Gruppe kann wiederum in zwei eindeutig verschiedene Wuchsformen unterteilt werden. Die erste Untergruppe umfaßt die Pflanzen, die das ganze Jahr hindurch gleichgeartete Blattrosetten ausbilden. Bei der zweiten Gruppe besteht ein deutlicher Unterschied zwischen der Sommerrosette (Vermehrungsrosette oder generative Rosette) und der Winterrosette (vegetative Rosette). Die folgenden vier Arten weisen gleichblättrigen Wuchs auf.

Pinguicula caerulea

Verbreitung: USA (Nord- und Südcarolina, Georgia und Florida).

Merkmale: Die Laubblätter sind länglich oval, matt hellgrün und stehen in einer Rosette, die bis zu 10 cm im Durchmesser erreicht. Der Blütenstiel ist bis zu 20 cm hoch und trägt eine hellviolette Blüte, die von dunkelvioletten Adern durchzogen wird. Der breite Schlund zeigt eine mehr oder weniger cremefarbene bis grünliche Maske.

Pinguicula hirtiflora

Verbreitung: Italien und östlicher Mittelmeerraum.

Merkmale: Die Blätter sind dick und sukkulent, oval, in den Randbereichen charakteristisch rot überhaucht. Die Rosette erreicht einen Durchmesser bis zu 12 cm. Die bis zu 13 cm langen Blütentriebe tragen eine einzelne, bis 1,5 cm große, endständige Blüte. Die Blütenblätter sind malvenfarben mit weitem, hellerem Schlundbereich und einem grünlichen Schlundfleck. Die Kronblätter sind gesprenkelt. Der grünlichweiße Sporn ist bis ca. 1,3 cm lang.

Pinguicula lusitanica

Verbreitung: England, Schottland und Irland, Frankreich, Iberische Halbinsel und Nordafrika.

Merkmale: *Pinguicula lusitanica* ist eine winzige Pflanze, die vor allem in sauren Sümpfen und Mooren anzutreffen ist. Die Laubblätter sind fast durchscheinend, im allgemeinen blaßgrün und deutlich von roten Adern durchzogen. Pflanzen, die an sonnigen Standorten wachsen, sind meist rötlich überhaucht. Die Blätter sind bis zu 2 cm lang. Die trompetenförmigen Blüten sind blaßlila mit hellerem Sporn. Sie erreichen lediglich einen Durchmesser von höchstens 5 mm, wobei die gesamte Länge inklusive des Sporns ungefähr 6 mm beträgt.

Pinguicula lutea

Verbreitung: Südosten der USA.

Merkmale: Die Pflanzen wachsen bevorzugt an offenen feuchten Stellen, weniger an nassen sandigen Standorten. Die Laubblätter sind hellgelblichgrün, länglich oval. Der Durchmesser der Rosette beträgt bis 15 cm. Die bis zu 10 cm hohen Infloreszenzen tragen eine bis ca. 1,5 cm große chromgelbe Blüte mit einer etwas dunkleren Schlundbehaarung.

Verschiedenblättrigen Wuchs weisen unter anderem die folgenden 3 Arten auf:

Pinguicula moranensis (Synonyme: *P. bakeriana, P. caudata*)

Verbreitung: Mexiko.

Merkmale: Die Sommerblätter sind dick und sukkulent. Die Rosetten erreichen bis zu 20 cm im Durchmesser. Sie sind oval, grün, an sonnigen Standorten oft rötlich überhaucht. Die einzelnen Blätter werden bis zu 6,5 cm breit und bis zu 10 cm lang.

Pinguicula moranensis hat normalerweise zwei Blühperioden, eine im Sommer, die andere im Winter. Die Infloreszenzen sind bis zu 25 cm lang, blaßgrün. Die großen, flachen Blüten mit einem Durchmesser bis zu 5 cm sind karminrot mit drei dunkleren Adern und mehreren karminroten Flekken. Der Schlund ist eng, fast weiß. Der grünlichweiße Sporn wird bis zu 4,5 cm lang. Im Winter sterben die Sommerblätter langsam ab und werden durch halb so große Winterblätter ersetzt. Die Winterblätter sind zahlreicher als die Sommerblätter und liegen eng übereinander. Zumindest die später gebildeten Winterblätter haben keinerlei karnivore Eigenschaften. Die Pflanze wird von Orchideengärtnern oft dazu benutzt, die Trauermücken in den Gewächshäusern unter Kontrolle zu halten.

Pinguicula gypsicola

Verbreitung: Mexiko.

Merkmale: Die blaßgrünen Sommerblätter sind bis zu 6,5 cm lang und charakteristisch schmal, selten breiter als 2,5 mm. Die juvenilen Blätter strecken sich aufwärts, die älteren liegen flacher. Auch die Blattränder sind als Erkennungsmerkmal zu verwenden; sie sind nämlich rückwärts gebogen. Die bis zu 9 cm langen Infloreszenzen

Pinguicula moranensis; eine für die Kultur besonders interessante Pflanze, da sie bei guter Pflege zweimal im Jahr blüht

Pinguicula gypsicola; die juvenilen Blätter sind noch eingerollt

tragen eine einzelne, bis zu 2 cm große, purpurfarbene Blüte. Die Kronblätter sind schmal, der Schlund ist weiß und der Sporn mit 2,5 cm Länge relativ gut ausgeprägt. Die Winterrosette ist klein und besteht aus flach wachsenden, feinbehaarten, sukkulenten Blättern, die nicht karnivor sind.

Pinguicula mexicana

Verbreitung: Mexiko.

Merkmale: Diese Art sollte wahrscheinlich eher als Varietät von *Pinguicula moranensis* angesehen werden. Die Blüten unterscheiden sich aber relativ stark und der gesamte Habitus, sowohl im Sommer als auch im Winter, fällt etwas kleiner aus als bei der typischen *Pinguicula moranensis.* Die violette Tönung der Blüten unterscheidet sich deutlich von denen der typischen *Pinguicula moranensis*. Außerdem sind die Blüten kleiner und stehen auf bis zu 15 cm langen, rosa-grünen Infloreszenzen. Die Blüten erreichen nur selten einen Durchmesser von mehr als 3 mm. Die Grundfarbe ist tief karminrot, besetzt mit noch dunkleren Adern. Die Basis der Kronblätter ist nicht gefleckt. Der Schlund ist grünlichweiß mit rosa Überzug. Der 3,5 cm lange, grünliche Sporn ist enger als bei *Pinguicula moranensis* und auch rosa überhaucht.

Kultur

Kulturraum: Je nach Herkunft Freilandkultur, Kalthaus, temperiertes Gewächshaus.

Substrat: Mischungen von Torf, Sand, Lehm, Perlite und Vermiculite. Das Substrat sollte leicht aufgekalkt werden, so daß der pH-Wert um den Neutralbereich (pH 7) liegt.

Düngung: *Pinguicula*-Arten mögen gerne ein nährstoffreiches Substrat. Entsprechend sind regelmäßige Düngungen über das Gieß- und/oder Sprühwasser angebracht.

Licht und Temperaturen: Für die nördlicheren Gegenden stammenden Arten, die zum Teil auch winterhart sind, sollte der Kulturraum im Sommer bei ca. 18 °C gehalten und im Winter auf ca. 5 °C gesenkt werden. Die Arten aus subtropischen und tropischen Gegenden brauchen Sommertemperaturen um 25 °C und Wintertemperaturen um 10 °C. Viele *Pinguicula*-Arten scheinen nicht einseitig auf bestimmte Lichtverhältnisse ausgerichtet zu sein. Man sollte allerdings dafür sorgen, daß die Pflanzen nicht in der prallen Sonne stehen.

Wasser und Luftfeuchtigkeit: Die in Schalen oder Töpfen kultivierten *Pinguicula*-Pflanzen vertragen keinen direkten Wasserkontakt. Die Bewässerung erfolgt durch Wasseranstau im Untersatz. Bei Freilandkulturen ist das Substrat während der Wachstumsperiode ausreichend feucht zu halten. Die drüsenbesetzten Blätter sind in der Lage, Niederschlagswasser zu absorbieren.
Winterharte Arten bilden im Herbst Winterknospen aus, aus denen im Frühjahr neue Pflanzen entstehen. Nicht winterharte Arten benötigen unbedingt eine Ruhezeit bei ca. 6 °C.

Vermehrung: Im allgemeinen wird die Vermehrung der *Pinguicula*-Pflanzen über Saat erreicht. Bei den winterharten Arten werden die Samen sofort nach der Ernte auf feuchten Torf gestreut. Die Aussaat der nicht winterharten Arten sollte auf einem Torf-*Sphagnum*-Gemisch vorgenommen werden. Die winterharten *Pinguicula*-Arten bilden ferner in den Achseln der oberen Blätter Brutzwiebelchen aus. Diese können gesammelt und wie Samen ausgesät werden. Alle Arten dieser Gattung können auch durch Blattstecklinge vermehrt werden, die man in feuchten Sand oder ein Gemisch aus Sand und *Sphagnum* steckt.

Triphyophyllum

Diese Gattung zählt noch nicht lange zu den als karnivor eingestuften Pflanzen. Obwohl die Gattung bereits 1907 von A. Chevalier (1873-1956) an der Elfenbeinküste entdeckt und als *Ouratea* beschrieben wurde, sind die karnivoren Eigenschaften erst seit 1979 bekannt. Ihren derzeit gültigen Namen erhielt sie 1951 von H. K. Airy-Shaw. Nach derzeitigem Kenntnisstand umfaßt die Gattung nur eine einzige Art.

Triphyophyllum peltatum

Verbreitung: Ihr Verbreitungsgebiet ist begrenzt auf den extrem tropischen Bereich Afrikas (Elfenbeinküste, Liberia, Sierra Leone). *Triphyophyllum* gehört zur Familie der *Dioncophyllaceae* und ist eng mit den *Droseraceae* verwandt, was zumindest anhand der chemischen Pflanzenzusammensetzung bestätigt werden kann.

Merkmale: *Triphyophyllum peltatum* ist eine gut bewurzelte Liane. Eine der bemerkenswerten Eigenschaften dieser Pflanze besteht darin, daß sie drei verschiedene Laubblatt-Typen ausbildet. Der juvenile Sproß – bis zu einer Größe von ca. 1 Meter – ist nicht kletternd und mit zwei Laubblattarten versehen, die spiralig zwischen kurzen Internodien angeordnet sind. Die zunächst erscheinende Blattform ist schmal lanzettförmig mit einer Breite von ca. 5 cm, einer Länge bis zu 35 cm und besitzt keinerlei Drüsen.

Ganz anders die zweite Blattform: Diese Blätter sind zum Teil oder gänzlich fadenförmig und mit Drüsen überzogen. Sie sind fast zylindrisch und ähneln den Blättern von *Drosophyllum* sehr stark. Es kommt aber auch vor, daß die untere Hälfte des Blattes eine „normale“, abgeflachte Blattspreite ohne Drüsen aufweist, während die obere Hälfte zum drüsentragenden Zylinder umgebaut ist. Die dritte Blattform entwickelt sich, wenn die Pflanze Klettergröße erreicht hat. Diese Blätter sind bis ca. 4 cm breit und bis zu 20 cm lang und somit kleiner als die anderen Blattformen. Sie stehen deutlich weiter voneinander entfernt als die anderen Blätter. Diese Blattform ist mit einem klar erkennbaren Mittelnerv ausgestattet, der in zwei Haken endet. Mit Hilfe dieser Haken klettert *Triphyophyllum* bis in die Kronen der Urwaldbäume hinauf. Aus den Achseln dieser Blätter werden kleine, weiße Blüten hervorgebracht, die nach der Bestäubung geflügelte Früchte formen. Auch diese Früchte stellen, verglichen mit denen anderer karnivorer Pflanzen, eine Besonderheit dar: Im Gegensatz zu allen anderen Karnivoren bildet *Triphyophyllum* extrem große, bis ungefähr 10 cm breite papierartige Samen aus, die offensichtlich für den „Weitflug“ prädestiniert sind. Sie sind hellrosarot gefärbt und überbrücken schwebend bemerkenswerte Strekken. Sie keimen Ende Juli auf den Humusansammlungen des Waldbodens.

Triphophyllon peltatum,
ausgewachsener Sproß

Entsprechend ihrer Ausformung kann man den einzelnen Blattypen auch unterschiedliche Funktionen zuweisen. Der erste Typ mit seiner großen, abgeflachten Blattspreite ist offensichtlich primär für die Photosynthese verantwortlich. Die mit Haken versehenen, kleineren Blätter übernehmen auch einen Teil der Photosynthese, haben jedoch sicherlich hauptsächlich eine Kletterfunktion. Die mit Drüsen besetzten Blätter sind schließlich diejenigen, die der Pflanze zu ihrer „Fleischmahlzeit“ verhelfen. Die gestielten Drüsen kann man in zwei Arten untergliedern. Sie sind, obwohl ähnlich in ihrem Aufbau,

Tryphyophyllum peltatum, junger Sproß

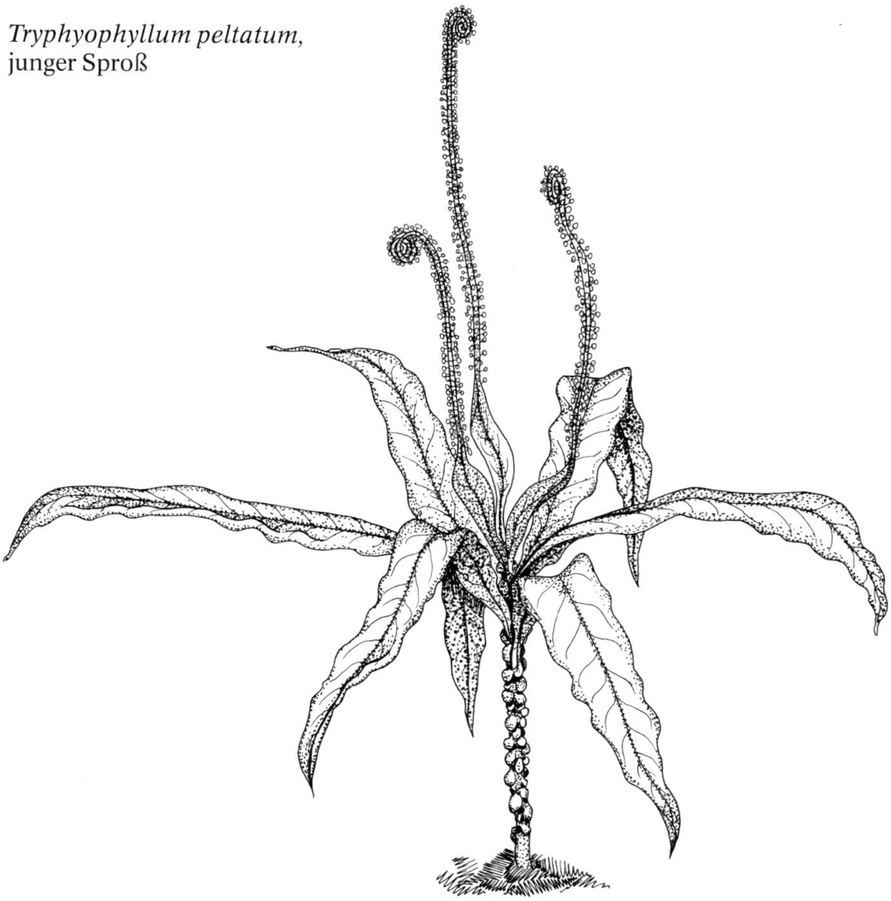

größer als bei allen anderen karnivoren Pflanzen. Die drüsenbesetzten Blätter werden immer aufrecht gehalten und haben nur eine sehr begrenzte Lebensdauer. Sie werden bereits nach wenigen Wochen abgeworfen. Wie bei *Drosophyllum* findet man auf diesen Blättern auch viele sessile (ungestielte) Drüsen, die keine Ausscheidungen abgeben, bis sie stimuliert werden. Die Drüsen sind rot und somit gegen den grünen Hintergrund gut zu erkennen. Die Drüsenstiele sind mehrzellig und weisen sowohl Xylem-Leitgewebe aus toten Zellen als auch Phloem in ihrem Leitgewebe auf. Auch bei *Triphyophyllum* scheinen die Absonderungen keinen toxischen Effekt zu haben. Obwohl die chemische Natur der Drüsensekrete kaum untersucht wurde, ist zumindest bekannt, daß sie sehr viele eiweißabbauende Proteasen, d. h. Peroxidase- und Esterase-Anteile enthalten. Die Insekten ersticken als Folge der Verklebung ihrer Atmungsorgane. Von Interesse ist auch, daß die Fangblätter am Naturstandort nur im Mai und Juni (also in der Mitte der Regensaison) ausgebildet werden. Manchmal werden sie schon von juvenilen Pflanzen im ersten Lebensjahr, manchmal aber auch erst nach zwei Jahren hervorgebracht. Sicherlich kann davon ausgegangen werden, daß *Triphyophyllum* als „Teilzeitkarnivore" anzusehen ist.

Die Beute der *Triphyophyllum*-Pflanzen ist, obwohl es sich hauptsächlich um nachtaktive Arthopoden handelt, dennoch sehr abwechslungsreich. Unter den an den Pflanzenblättern klebenden Insekten fand man Tausendfüßler, Hundertfüßler, Grillen (8-13 %), Termiten (15-25 %), Käfer (ca. 60 %), Motten (6-10 %), Ameisen und kleine Wespen (15-25 %), Moskitos (12-20 %) sowie jagende Spinnen (2-4 %).

Der Grund der „Teilzeitkarnivorie" dieser Pflanzen liegt darin, daß sie in bestimmten Entwicklungsphasen einen Mangel an einem oder mehreren wichtigen Elementen haben, obwohl sie grundsätzlich an die nährstoffarmen Böden ihres Heimatareals gut angepaßt sind. Bei *Triphyophyllum* ist es wahrscheinlich ein Kaliummangel, der während insektenreicher Perioden durch die karnivoren Eigenschaften ausgeglichen werden kann.

Kultur

Kulturraum: Warmhaus.

Substrat: Humusreich, aber gut durchlässig, d. h. mit Steinchen oder Blähton durchsetzt.

Düngung: Keine.

Licht und Temperaturen: Halbschattig, bis 35 °C am Tage. Nachts zwischen 17 und 20 °C.

Wasser und Luftfeuchtigkeit: regelmäßige, ausgiebige Wassergaben und konstant hohe Luftfeuchte.

Vermehrung: Soweit bekannt, ist *Triphyophyllum* noch nicht gärtnerisch vermehrt worden. Eine Vermehrung über Saat und auch über Stecklinge dürfte aber möglich sein.

Klappfallen

Bei den Gattungen *Aldrovanda* und *Dionaea* finden wir eine, auf den ersten Blick recht einfache Klappfalle. Da die erstgenannte Gattung ein rein aquatisches Dasein fristet, *Dionaea* aber terrestrisch wächst, kann wieder einmal festgestellt werden, daß ein Fallentyp nicht unbedingt auf eine bestimmte Lebensweise beschränkt ist.

Klappfallen sind naturgemäß aktiv: Sie schließen sich blitzartig, wenn ein Insekt sie besucht. Dieser Schließmechanismus beruht grundsätzlich auf zwei physiologischen Vorrichtungen. Klappfallen sind erstens mit Fühlorganen ausgerüstet die einen Bewegungsreiz in elektrische Impulse umsetzen können, und zweitens verfügen sie über bewegliche Pflanzenteile, die mit einer schnellen Schließbewegung auf die elektrischen Impulse reagieren können. Die ausführlichere Beschreibung der Klappfallenmechanismen soll hier nicht vorweggenommen werden, da sich die Funktionsweise der Klappfallen aufs Engste mit der Physiologie der jeweiligen Gattungen verbindet. Nähere Erläuterungen finden sich also bei den Merkmalsbeschreibungen der entsprechenden Taxa.

Aldrovanda (Die Wasserfalle)

Diese monospezifische Gattung wurde bereits 1747 durch den Italiener Monti zu Ehren seines Landsmannes und Naturforschers Ulisses Aldrovandi (1522-1605) unter ihrem heutigen Namen beschrieben. Der Artname *„vesiculosa“* bezieht sich auf die kleinen Fangblasen (*vesica* = Blase).

Aldrovanda vesiculosa

Verbreitung: Die Pflanze wächst hauptsächlich in den Reisfeldern Vorderindiens und in den Sümpfen und warmen Teichen von Mittel- und Südeuropa, Afrika, Japan und Australien.

Merkmale: *Aldrovanda vesiculosa* ist vollkommen wurzellos. Die Pflanze schwimmt frei im Wasser. Am Ende der Stengelteile bildet sich ein Blattquirl nach dem

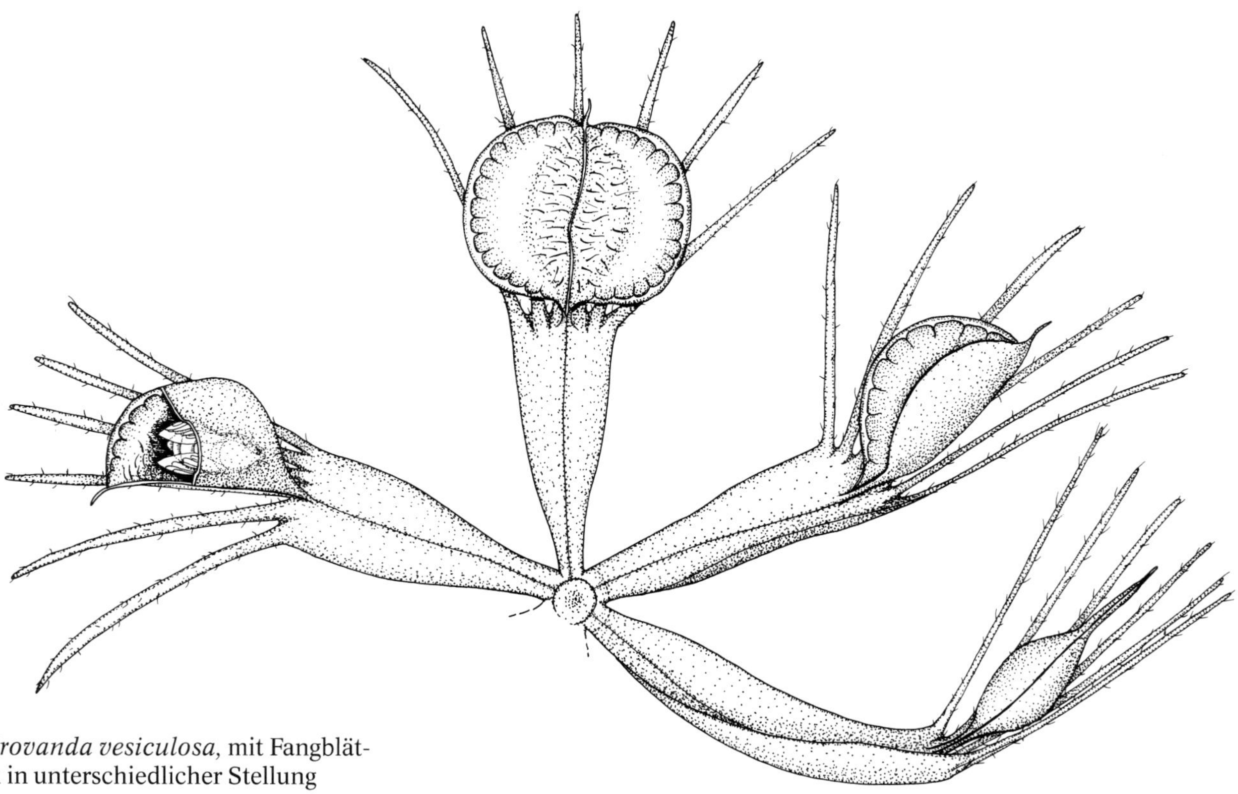

Aldrovanda vesiculosa, mit Fangblättern in unterschiedlicher Stellung

anderen. Die Quirle bestehen aus 5 bis 10 Blättern und erreichen einen Gesamtdurchmesser von bis zu 1 cm. Die älteren Internodien mit den dazugehörigen Blattquirlen sterben nach und nach wieder ab. Die Pflanze ist wenig oder nicht verzweigt und erreicht eine Länge von bis zu 20 cm. Heute weiß man, daß ausgedehnte Hohlräume es ihr erlauben, knapp unter der Wasseroberfläche zu schweben. Früher wurde die Schwimmfähigkeit fälschlicherweise den eingeschlossenen Luftblasen in den geschlossenen Fallen zugeschrieben. Die Blattstiele sind sehr dünn und verbreitern sich nach außen hin. Am Ende tragen sie ein zweilappiges Laubblatt und vier bis sechs steife, haarförmige, spitze Fortsätze. Jede Blattspreite besteht aus zwei konkaven Lappen, die durch den Mittelnerv verbunden sind. Jeder Lappen wiederum besteht aus zwei Teilen, der Randzone und der Mittelzone. Die Randzone hat nur zwei Zellschichten. Die Mittelzone ist aus drei Zellagen aufgebaut und somit dicker. Diese Mittelzone formt die Verdauungshöhle, wenn die Falle ausgelöst wird. Jede der zwei Hauptzonen kann wiederum in drei Teile gegliedert werden, wobei sich die Randzone wie folgt beschreiben läßt:

1. Der äußere Rand, der aus den nach innen gefalteten Lappenrändern zusammengesetzt ist, besteht aus einer peripheren Zellzeile. Jede Zelle in dieser Zeile weist ein zahnförmiges Anhängsel auf, welches auf seinen Gegenpart auf dem anderen Lappen ausgerichtet ist.

2. Die quadrifide (vierspaltige) Zone stellt den Hauptteil der Randzone dar. Sie trägt quadrifide Haare und eine Reihe kleiner Drüsen und entspricht größtenteils der Fallenwand bei *Utricularia*.

3. Eine nicht behaarte Zone, die die Randzone von der Mittelzone trennt.

Die drei Bereiche der Mittelzone setzen sich wie folgt zusammen:

1. Die Verdauungsregion ist nach innen dicht mit kleinen Verdauungsdrüsen übersät, nach außen mit zweiarmigen Drüsen besetzt. Auf diesem Areal befinden sich auch ungefähr 15 Fühlhaare (also insgesamt bis zu 30 pro Falle), die unregelmäßig zwischen den Drüsen verteilt sind.

2. Die Festhaltezone liegt im Zentrum der Mittelzone, hat nur wenige Drüsen und fast keine Fühlhaare. Hier werden die gefangenen Beutetiere festgehalten und verdaut.

3. Die Mittelnervzone mit dichtstehenden Verdauungsdrüsen und weiteren 6 bis 10 Fühlhaaren.

Bei jungen, gesunden Fallen reicht ein einziger mechanischer Reiz eines Fühlhaares aus, um die Falle zu schließen (vgl. *Dionaea*). Bei älteren Fallen sind oft zwei Stimuli für eine Fallenreaktion notwendig. Beim Schließen der Falle sind am Anfang nur die Ränder gegeneinandergepreßt, wobei die kleinen Zähnchen ineinandergreifen. Nur in wenigen Fällen berühren sich hier schon die Randzonen der beiden Lappen. Das Beutetier ist gefangen, kann sich aber in dem Hohlraum, der durch die beiden Blattlappen geformt wird, noch frei bewegen. Erst nach mehreren Minuten wird dieser Hohlraum verengt und die Verdauungsphase eingeleitet. Der Hohlraum schrumpft dann auf ein kleines, sichelförmiges Areal zusammen. Nun sind die Randzonen der beiden Lappen eng gegeneinander gepreßt. Dadurch wird verhindert, daß Verdauungsflüssigkeit austritt und verlorengeht.

Kultur

Kulturraum: Diese wurzellose, frei schwimmende Pflanze kann man in Aquarien oder flachen, etwa 5 cm tiefen Schalen kultivieren.

Substrat: Weiches, kalkarmes Wasser.

Düngung: Keine.

Licht und Temperaturen: Die Pflanze benötigt viel Licht und sollte so lange wie möglich ungestört bleiben. Bei Temperaturen um die 30 °C bilden sich bei guten Lichtverhältnissen bis zu 20 cm lange Exemplare. Nach der Bildung der Winterknospe sollte die Pflanze bei etwa 5 °C gehalten werden. Nur die Knospe gedeiht weiter, der Rest der Pflanze stirbt langsam ab. Die Winterknospe sinkt zu Boden und steigt erst im nächsten Frühjahr wieder auf. Dann treibt sie aus und bildet neue, reich beblätterte Sprosse.

Vermehrung: Vegetative Teilung. Es sollte darauf geachtet werden, daß nur ausreichend große Pflanzen (vieltriebig) zur Teilung ausgewählt werden, damit die „Mutterpflanze" nicht eingeht.

Dionaea (Die Venusfliegenfalle)

Die besonderen Eigenschaften von *Dionaea* wurden erstmals 1769 von John Ellis (1711-1776) erkannt, der in einem Brief an Linné eine gute Zeichnung und Beschreibung der Pflanzen übermittelte. Der Name, den Ellis der Pflanze gab, „*Dionaea*", leitet sich von der Göttin Dione ab, die in der griechischen Mythologie als Mutter der Aphrodite gilt. Der deutsche Name, Venusfliegenfalle, verweist auf die römische Göttin Venus, die der griechischen Aphrodite entspricht.

Die Pflanze war im 18. Jahrhundert so begehrt, daß sogar der damalige Präsident der Vereinigten Staaten – Thomas Jefferson – sie in der Gegend um Charleston (Südcarolina) sammelte, um sie seinen engsten Bekannten zu schenken. Die Gattung besteht nur aus einer einzigen Art mit einem eng begrenzten, aber interessanten Verbreitungsgebiet.

Dionaea muscipula

Verbreitung: Diese Pflanze ist nur auf den sandigen Böden der Küstengegenden zwischen dem Beaufort County (North Carolina) und dem Charleston County (South Carolina) beheimatet. Das Areal erstreckt sich also nur über eine Länge von 320 km und ist durch Landwirtschaft, Siedlungen und Industrie sehr eingeschränkt. Der Naturstandort ist dauerfeucht. Im Winter fällt reichlich Niederschlag, auch der Sommer ist durch zahlreiche Schauer gekennzeichnet, die für eine konstant hohe Luftfeuchtigkeit sorgen. Der Boden ist sehr nährstoffarm. Es gibt kaum eine Humusschicht und lediglich eine sehr spärliche Bodenvegetation. In einigen Gebieten gedeiht *Dionaea* auf *Sphagnum*-Untergrund. Brände durch Blitzeinschlag kommen hier oft vor und breiten sich schnell zum Flächenbrand aus. Experimente haben gezeigt, daß *Dionaea*-Pflanzen auf abgebrannten oder auf andere Art von der restlichen Vegetation befreiten Arealen früher blühen und mehr Blüten hervorbringen als auf anderen Gebieten. Außerdem entwickelten sich die Pflanzen auf brandgerodeten Arealen generell besser als an anderen Standorten. Die Lichtintensität dieser Areale ist unter normalen Umständen sehr hoch. Deshalb verwundert es auch kaum, daß Pflanzen von *Dionaea*, die unter schattigen Verhältnissen kultiviert werden, weniger gut gedeihen und offensichtlich eindeutig anfälliger sind für Schädlingsbefall.

Merkmale: Die jährliche Blattrosette von *Dionaea* entspringt einem kurzen, unverzweigten Rhizom, das von den Blattbasen umschlossen wird. Jedes Blatt hat eine sukkulente Basalregion, die unter der Erdoberfläche liegt, und einen grünen Blattstiel, der in zwei Fanglappen endet. Diese zwei Fanglappen formen die Blattspreite. Die Außenseite dieser Blattspreite enthält sehr viele *Stomata* (von beweglichen Schließzellen geformte Öffnungen), die einen Gasaustausch zwischen dem Blatt und der Außenwelt und somit die Photosynthese ermöglichen. Die Innenseite aber, die leicht konkav ausgebildet ist, hat eine Reihe von unterschiedlichen Strukturen, die für Beutefang und -verdauung unverzichtbar sind.

Die Klappfalle der Venusfliegenfalle kann in drei Hauptzonen gegliedert werden:

1. 14 bis 20 Randzähne, die der Fallenperipherie entspringen. Sie sind leicht nach oben gekrümmt. Die Zähne der gegenüberstehenden Fallenlappen greifen ineinander und verschließen die Falle in der ersten Fangphase.
2. Ein schmales, peripheres Gewebeband entlang des oberen Fallenrands. Dieses Gewebe enthält nur wenige ungestielte Drüsen, die im allgemeinen farblos sind und Kohlenwasserstoffe abgeben. Es liegt in einer schmalen Mulde. So wird eine Verletzung dieses Gewebes verhindert, wenn die Falle sich vollständig schließt und die zwei Lappen sich fest gegeneinander pressen. Dieses periphere Band absorbiert UV-Strahlung und dürfte für das Anlocken der Beute von Bedeutung sein.
3. Die Verdauungsfläche umfaßt die ganze zentrale Zone der Falle und wird nach außen durch das vorher besprochene periphere Gewebeband abgegrenzt. Diese Zone ist mit vielen

Die Zusammenstellung nebenstehender Aufnahmen zeigt verschiedene Phasen des Fangvorgangs bei *Dionaea muscipula*: die geöffnete Falle (oben links) mit aufgestellten Fühlhaaren (oben rechts) zeigt die Fangbereitschaft. Sobald ein Insekt die Falle berührt, schließt sie sich (unten links); solange die Beute verdaut wird, bleibt die Falle geschlossen (unten rechts)

farbigen Verdauungsdrüsen, die auf der flachen Epidermis liegen, übersät. Die Drüsen sind deutlich größer als die des peripheren Gewebes und sind mit dem bloßen Auge erkennbar.

Zwischen den Verdauungsdrüsen befinden sich lange, spitze Haare. Normalerweise stehen auf jeder Klappenhälfte drei dieser Fühlorgane, es können aber bis zu neun Haare pro Fallenhälfte vorkommen. Die Fühlhaare sind symmetrisch angeordnet und dienen als Auslöseorgane für die Klappfalle.

Der Impuls, der von den Fühlhaaren an das Blatt weitergegeben wird, ist elektrischer Natur, vergleichbar mit dem Impuls, der durch eine tierische Nervenzelle abgegeben wird. Dieser Impuls muß eine bestimmte Größe haben, um eine Reaktion hervorzurufen.

Die *Dionaea*-Falle schließt sich normalerweise nicht nach einer einmaligen Berührung der Fühlhaare. Dieses Phänomen sorgt dafür, daß die Falle nicht durch den Einfluß von Wind, Regen oder aufgewirbelten Staubteilchen geschlossen wird. Wenn aber ein und dasselbe Fühlhaar zweimal innerhalb von 20 bis 40 Sekunden oder zwei Fühlhaare innerhalb dieser Zeit berührt werden, schließt sich die Falle sofort. Welche physiologischen Vorgänge hierbei ablaufen, ist bei weitem noch nicht vollständig geklärt. Außerdem würde eine detaillierte Beschreibung hier auch zu weit führen. Sicherlich spielt aber der Transport von Calcium (Ca^{2+})-Ionen durch die Zellmembranen eine entscheidende Rolle.

Die Steuerung der Klappfallenbewegung bei *Dionaea* erfolgt durch Veränderungen des Turgordrukkes. Wie dieser Vorgang kontrolliert wird, ist unter Wissenschaftlern umstritten. Bisher wurde angenommen, daß auch hier, wie bei *Aldrovanda* und der nicht karnivoren Pflanze *Mimosa pudica* nachgewiesen, die Veränderungen des Tugors durch den Verlust der im *Cytoplasma* gelösten Ionen hervorgerufen werden, also durch Verlust der „internen Salzkonzentration“. Neuere Untersuchungen deuten aber an, daß bei *Dionaea* die Veränderung des Säurepotentials (also des pH-Wertes) des Cytoplasmas in den Epidermiszellen ein wichtiger, wenn nicht der ausschließliche Grund für die Veränderung des Turgordrucks sein dürfte.

Daß sich die Klappfalle bei *Dionaea* stufenweise schließt, läßt sich auch mit bloßem Auge erkennen. Dabei laufen jedoch viele verschiedene Vorgänge im Verborgenen ab; die wichtigsten seien im folgenden kurz beschrieben:

1. Die Falle schließt sich und die Randzähne fassen ineinander. Das Insekt wird nicht zerdrückt, d. h. wenn das Insekt nicht vollständig eingeschlossen ist, kann es zu diesem Zeitpunkt immer noch entkommen. Meine Untersuchungen haben gezeigt, daß Bienen und Fliegen selbst dann noch aus der Falle entfliehen können, wenn bis zu 2/3 ihres Körpers in der Falle stecken; allerdings kostet die Flucht dann sehr viel Zeit und Energie. Eine Biene, die gerade einer Falle entronnen war, kurz darauf noch einmal tief in eine Falle gesetzt wurde, schaffte es nicht, ein zweites Mal zu entkommen. Grundsätzlich gilt aber, daß ein „natürlich“ gefangenes Insekt kaum Fluchtchancen hat.

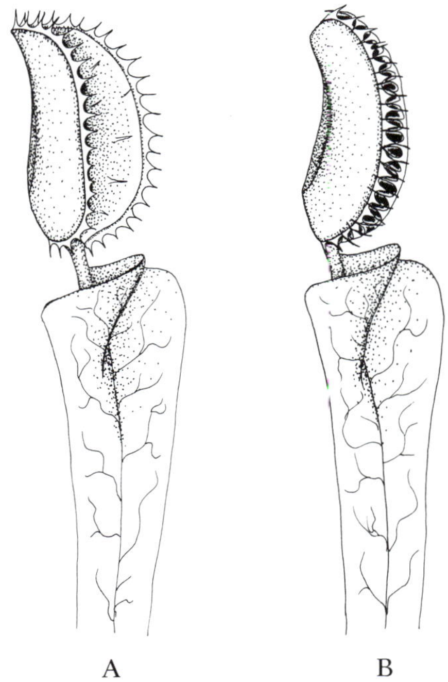

Dionaea muscipula
A bis E: Stellung der Fangblätter nach Fangreflex in chronologischer Folge.
A: Ruhepostion
B: unmittelbar nach Fangreflex

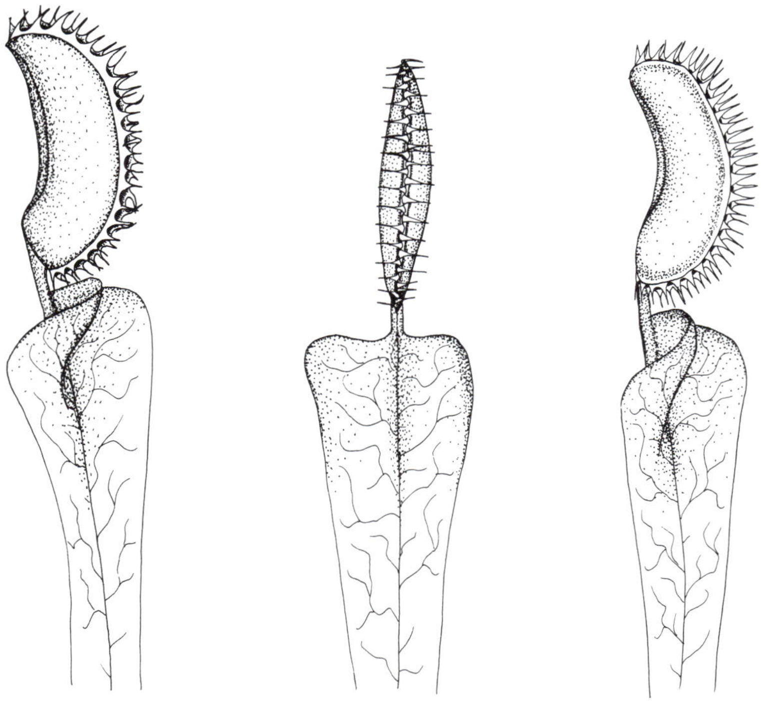

Position der Fanglappen der *Dionaea muscipula*
A: offen
B: nach mechanischer Stimulation
C: nach chemischer Stimulation

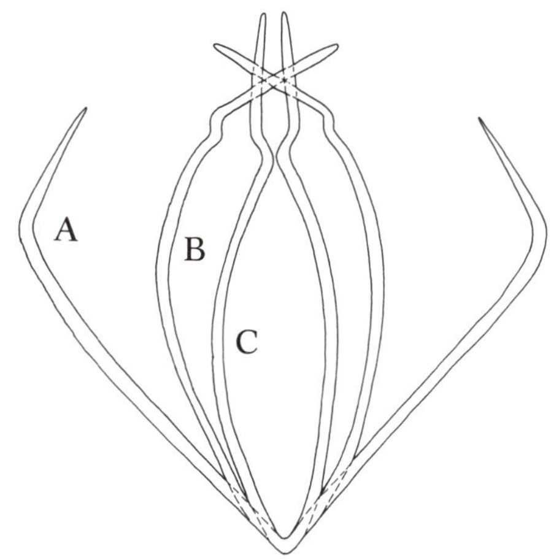

C: nach chemischer Stimulation durch Beuteproteine
D: Vollständig geschlossene Falle
E: Ränder in engem Kontakt, Zähne greifen nicht mehr ineinander

Dionaea muscipula (Venusfliegenfalle), hier als Kulturpflanze

2. Durch die Fluchtbewegungen und Ausscheidungen der gefangenen Insekten wird die Falle chemisch und mechanisch stimuliert, sich noch enger zu schließen. Zur gleichen Zeit werden von der Pflanze Verdauungssäfte ausgeschieden, die in das Beutetier eindringen und die verdaulichen Teile auflösen. Dies wiederum führt zu einer weiteren chemischen Stimulation, die die Falle noch enger werden läßt. Sobald die Fallenlappen so eng zusammengepreßt sind, daß die peripheren Gewebe aufeinanderpressen, beginnen die Blattzähne sich wieder aufzustellen, da der von ihnen gebildete Verschluß nicht mehr gebraucht wird.

Eine Falle von *Dionaea*, in der sich verdauliches Material befindet, bleibt zwischen 7 und 10 Tagen geschlossen. Nach drei- bis siebenmaligem Schließen der Falle stirbt der Trieb ab. Aus diesem Grunde sollte mit Kulturpflanzen nicht „gespielt“ werden. Ein wiederholtes Betätigen der Fallen wird unweigerlich zum Verlust der Pflanze führen, vor allem, wenn aufgrund unzureichender Kulturbedingungen keine neuen Blätter nachwachsen.

Blütezeit: Wie alle Fleischfressenden Pflanzen ist *Dionaea muscipula* eine Blütenpflanze. Die Blütentriebe werden bis zu 30 cm hoch und tragen bis zu 3 cm große Blüten, die während der Blütezeit, im frühen Sommer, auch im hohen Gras gut sichtbar sind. Auch *Dionaea* trägt ihre Blüten sehr hoch, um ihre Bestäuber vor den tödlichen Fallen zu schützen.

Kultur

Kulturraum: Warmhaus, Terrarium etc. **Nicht für Zimmerkultur geeignet.** Leider werden sehr viele dieser Pflanzen von bestimmten Großhandelsketten angeboten und bedenkenlos dem interessierten, aber fachunkundigen Publikum verkauft. Es sollte daher um so deutlicher gemacht werden, daß Pflanzen von *Dionaea* in reiner Zimmerkultur nur eine sehr begrenzte Lebenserwartung haben. Abgesehen davon, sind Venusfliegenfallen Gemeinschaftspflanzen, die in kleinen Gruppen zusammengefaßt werden sollten. In Räumen mit Zentralheizung stellen die Pflanzen das Wachstum ein, erschlaffen und sterben innerhalb kürzester Zeit ab. Achtung! Spätestens nach der 7. Reizbewegung stirbt ein Fallenblatt ab!

Substrat: *Sphagnum*-Moos, saurer Sand; Weißtorf der mit diesen Substratbestandteilen gemischt ist.

Düngung: Keine.

Licht und Temperaturen: *Dionaea* wächst am besten unter hellen Lichtverhältnissen. Pflanzen, die unter hoher Lichtintensität kultiviert werden, erhalten rötlich überzogene Blätter. Bei Kultur in geschlossenen Containern (Aquarien) sollten die Behälter nicht in der prallen Sonne stehen. Die Pflanzen gedeihen am besten bei 21 bis 38 °C während der Wachstumsphase und 2 bis 10 °C während der Winterruhe. Am natürlichen Standort müssen die Pflanzen oft leichten Frost überdauern.

Wasser und Luftfeuchtigkeit: Die Luftfeuchtigkeit soll konstant über 50 % liegen. Auch das Substrat sollte gleichmäßig feucht gehalten werden. Bei der Kultur in geschlossenen Behältern sollte darauf geachtet werden, daß bei stagnierender Luft- und Bodenfeuchtigkeit die Blätter schwarz werden und faulen. Venusfliegenfallen vertragen kein Überbrausen oder ständiges Benetzen. Die Töpfe können aber während der Vegetationsperiode in ca. 2 bis 2,5 cm Wasser stehen.

Eine ausgeprägte Ruhezeit von 3 bis 5 Monaten ist unbedingt notwendig. Während dieser Winterperiode wird die Temperatur auf 2 bis 10 °C gesenkt und die Bodenfeuchte niedriger als sonst gehalten.

Vermehrung: Die Vermehrung ist sowohl über Saat als auch vegetativ möglich. Die Aussaaten erfolgen sofort nach der Ernte in Schalen mit Torf oder Heideerde, unter die *Sphagnum* gemischt wird. Die Keimung erfolgt nach ca. 4 Wochen. In ungefähr 2 Jahren reifen die Keimlinge zu kräftigen Pflanzen aus. Die Keimfähigkeit des Saatgutes nimmt rapide ab. Während frische Saat ziemlich keimfähig ist, erniedrigt sich die Keimungsrate innerhalb eines Jahres bis auf 30 %. Die beste Keimung wird bei Temperaturen zwischen 25 und 30 °C erreicht. Pikiert wird, wenn die Sämlinge 4 bis 5 Blätter ausgebildet haben. Beim Umsetzen werden die Jungpflanzen im Abstand von ca. 2 bis 3 cm gesetzt.

Zur vegetativen Vermehrung von *Dioneae* schneidet man ganze Blätter samt Stiel (Petiole) ab. Ältere Blätter sind für diesen Zweck am besten geeignet. Die Stecklinge werden in *Sphagnum* eingebettet und bei hoher Lichtintensität und Temperaturen von ca. 27 °C gehalten. Nach 6 bis 8 Wochen bilden sich pro Blatt bis zu 30 Adventivpflanzen (Jungpflanzen, die aus nicht differenziertem Gewebe hervorgehen). Nachdem sie ein gutes Wurzelsystem ausgebildet haben, können die Jungpflanzen herausgenommen und wie Altpflanzen weiter kultiviert werden.

Grubenfallen

Auch die Fallgrubentechnik hat sich in mehreren Gruppen der karnivoren Pflanzen entwickelt (*Cephalotaceae, Nepenthaceae* und *Sarraceniaceae, Bromeliaceae*). Grubenfallen sind immer passiv. Die Verdauungskammer ist deshalb jeweils unmittelbar unter der Anlockzone zu finden. Die Pflanzen, die sich das Prinzip der Grubenfalle zu eigen gemacht haben, werden im allgemeinen als Schlauch- und/oder Kannenpflanzen bezeichnet, die zur Falle umgebildeten Blätter dementsprechend als Schlauch oder Kanne.

Die Grubenfalle basiert auf 2 Grundprinzipien:

1. Ein Stolpermechanismus, der dazu führt, daß das potentielle Beutetier in den „Verdauungsteil" der Pflanze gelangt;
2. Zurückhaltemechanismen, die verhindern, daß die einmal gefangene Beute nicht mehr fliehen kann.

Die Stolpermechanismen sind selbstverständlich am Eingang der Falle angebracht. Sie sind äußerst komplex. Mehrere Mechanismen werden dazu benutzt, die potentielle Beute in eine Position zu locken, die die Flucht sehr schwierig, wenn nicht unmöglich macht. Die Vielfalt der Vorrichtungen, die bei Grubenfallen dazu dient, die Standfestigkeit der Beute und deren Flucht zu verhindern, ist erstaunlich:

1. Glatte Oberflächen (*Sarracenia*) oder wachsartige Oberflächenstrukturen (*Brocchinia, Darlingtonia* und *Nepenthes*);
2. Verschiedenste geometrische Strukturen, die die laufenden und kriechenden Insekten zu Stolperstellen führen (*Cephalotus, Sarracenia* und *Nepenthes*);
3. Lange, vertikale Röhren mit engem Hals, in dem fliegende Insekten durch die vom Flügelschlag hervorgerufenen Luftbewegungen nach unten gedrückt werden;
4. Unterschiedliche Abdeckungen, manchmal gepaart mit durchscheinenden „Fenstern".

Im allgemeinen wird in den Grubenfallen Nektar erzeugt, der zur Anlockung dient. Viele der Pflanzen, die eine Fallgrube ausgebildet haben, haben sich entweder auf kriechende oder auf fliegende Insekten spezialisiert. Erstere haben ihre Fallen horizontal auf dem Boden aufgestellt und/oder Marschrouten für die Insekten ausgebildet. Die Fallen dieser Art sind oft ziemlich kurz und innen mit Haaren überzogen, die nach unten ausgerichtet sind. Somit wird der Eintritt der Insekten kaum verhindert, die kriechende Flucht aber fast unmöglich gemacht. Die Pflanzen hingegen, die sich auf fliegende Insekten spezialisiert haben, verfügen im allgemeinen über längere Fallen, die meist mit sehr raffinierten Lockmechanismen gepaart sind.

Nicht nur Arten, die verschiedenen Gattungen zugeordnet werden, sondern auch Arten einer einzigen Gattung können jeweils auf andere

Mögliche Stadien in der mutmaßlichen Entwicklung vom „normalen" zum Schlauchblatt (= Schlauchfalle)

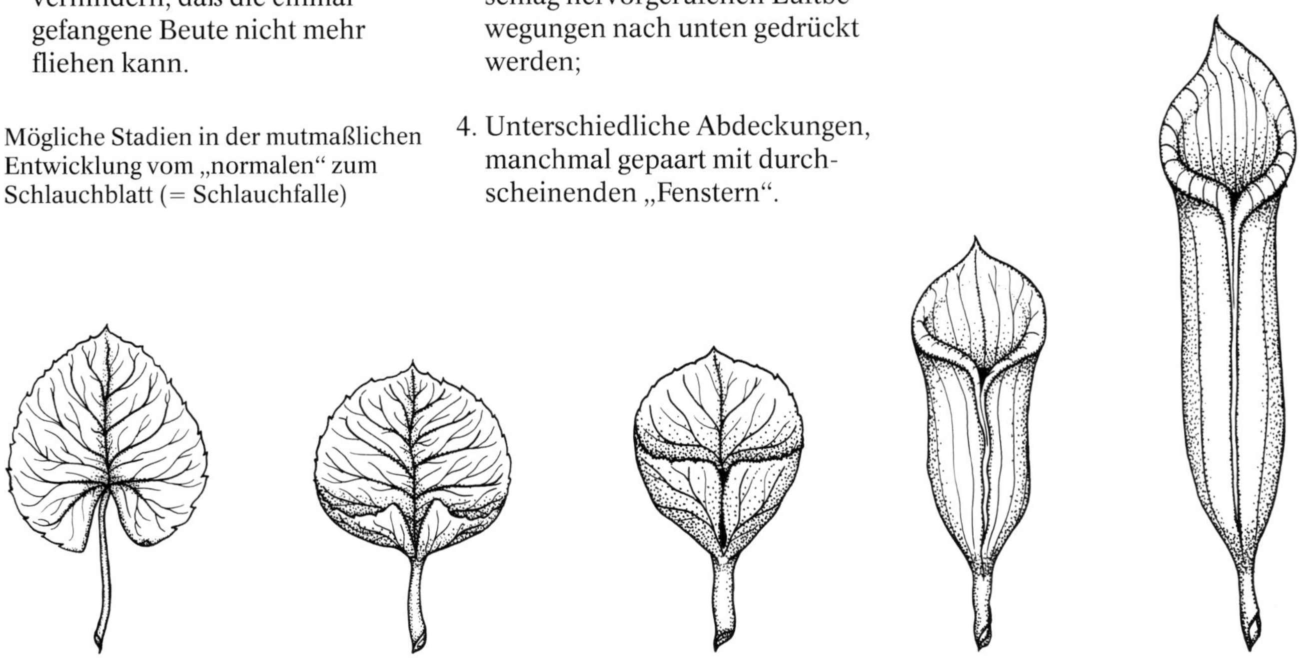

Insekten spezialisiert sein. Bei *Sarracenia* z. B. haben sich einige Arten (*S. psittacina* u. a.) auf kriechende Beute spezialisiert, andere wie *Sarracenia flava* fangen Fluginsekten. Bei *Nepenthes* ändert sich die Spezialisierung mit dem Alter der jeweiligen Pflanze. Junge Pflanzen bilden zunächst Kannen aus, die hauptsächlich auf Kriechbeute ausgerichtet sind. Ältere entwickeln höhergelegene Kannen, die überwiegend fliegende Insekten anlocken.

Mutation bei nicht-karnivoren Pflanzen.
Hier: *Ficus benghalensis*

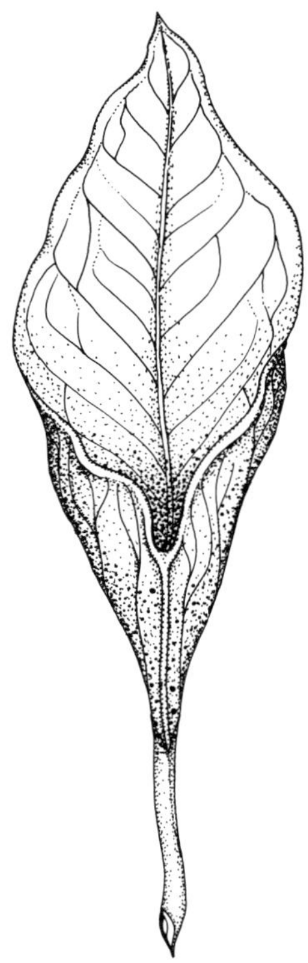

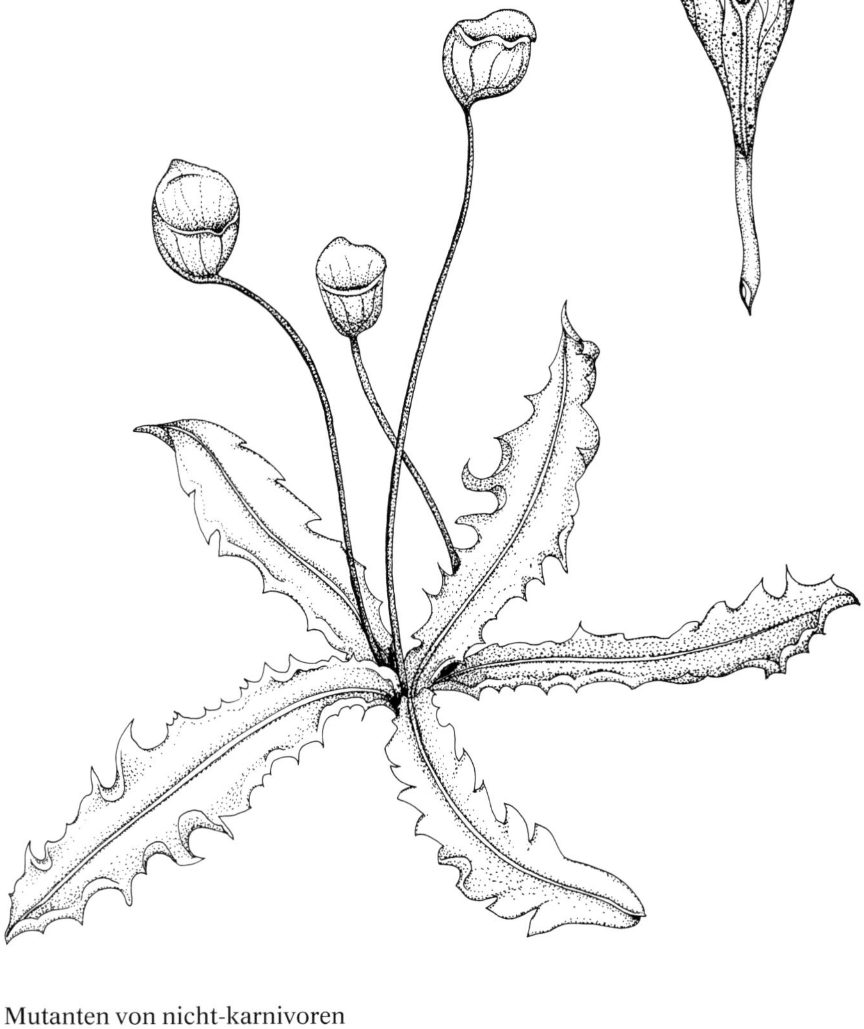

Mutanten von nicht-karnivoren Pflanzen – Hier: *Taraxacum officinale* (= Löwenzahn)

Brocchinia

An und für sich ist es kaum verwunderlich, daß auch Arten der *Bromeliaceae* (Ananasgewächse) sich als karnivor erwiesen haben. Vor allem Arten, die Zisternen formen, sind sozusagen prädestiniert, sich einer solchen Lebensweise anzupassen.

Arten

Zu der, im Jahre 1882 von J. G. Baker begründeten Gattung, gehören 7 als Arten beschriebene Taxa.

Verbreitung: Die Familie der *Bromeliaceae* ist rein neuweltlich. Die *Brocchinia*-Arten, die sich der Karnivorie zugewandt haben, wachsen in der Abgelegenheit der Tafelberge (Tepui) Guayanas und Venezuelas.

Merkmale: Die *Brocchinia*-Arten sind am Boden wachsende krautige Pflanzen mit einer Gesamthöhe von 30 bis 40 cm (ohne Blütentrieb). Die Laubblätter sind gelblichgrün. Der Blütentrieb ist bis zu 50 cm hoch und trägt viele kleine, locker angeordnete Blüten.

Die Blattrosette der *Brocchinia*-Arten bildet einen hohen Zylinder. Da die Blätter eng übereinander liegen, wird das Anlegen eines „Wasserreservoirs" ermöglicht. Dieser Wassertank ist an und für sich die einfachste aller bekannten Fallgruben. Nur zwei getrennte Zonen sind erkennbar (siehe S. 51). Die erste Zone ist mit einer wachsartigen Substanz überzogen und zeigt reichlich Drüsen. Experimente haben nicht nur gezeigt, daß keinerlei Insekt auf der Wachsschicht die Balance halten kann, sondern auch, daß die wachsartigen, winzigen Scheibchen die Insektenbeine verkleben und somit die Bewegungsfreiheit zusätzlich hemmen. Die darunter liegende Zone ist behaart und behindert eine mögliche Flucht der Beute. Wissenschaftliche Untersuchungen konnten (bisher) keine unterschiedlichen Drüsenfunktionen der zwei Zonen nachweisen.

Das Wasserreservoir, das viele Bromelien-Arten aufweisen, ist aber nicht nur Falle, sondern auch eine ökologische Nische für viele Tierarten. Diese Zisternen umfassen bis zu 2 Liter Wasser und beinhalten bis zu 10 Algenarten, *Protozoa*, eine Vielzahl von niederen Tieren, Süßwasserkrabben, viele Insektenlarven, Mückenlarven, die Kaulquappen und manchmal sogar ausgewachsene Exemplare des Laubfrosches *Hyla brunnea*. Eine Mosquitoart der Gattung *Wyeomyia* – für lange Zeit nur als Bewohner der *Sarracenia*-Arten bekannt – und eine dieser überhaupt nicht verwandte, andere Stechmückenart, *Rhynchomyia frontosa*, benutzen Bromelien ebenso als Lebensraum, wie die karnivore Pflanze *Utricularia humboldtii*, die in großen Höhen auf den nicht karnivoren *Brocchinia tatei* und *Brocchinia micrantha* gefunden wurden.

Kultur

Der relativen Unbekanntheit der Gattung entsprechend, sind bisher nur einige wenige Arten kultiviert worden. *Brocchinia*-Pflanzen sind sehr schwer zu kultivieren und sollten nur von erfahrenen Hobbyisten erworben werden.

Kulturraum: Temperiertes oder warmes Gewächshaus.

Substrat: Lebendes *Sphagnum*, eine Mischung aus *Sphagnum* und anderen Moosarten oder eine Mischung von *Sphagnum* und kalkfreiem Sand.

Düngung: Keine.

Licht und Temperaturen: *Brocchinia* benötigt (wie *Heliamphora*) sehr viel Licht und sollte daher an der hellsten Stelle des Gewächshauses stehen. Unter solchen Bedingungen können sich der Pflanzstoff und die Lufttemperatur während der Sommermonate aber zu sehr aufwärmen. Daher ist im Sommer für entsprechende Kühlung zu sorgen (Berieselungsanlage). Bei Kunstlichtkultur benötigen die Pflanzen im Sommer 14 Stunden, im Winter 13 Stunden Licht. Die Temperaturen sollten nicht über 26 °C ansteigen und niemals unter 3 °C absinken.

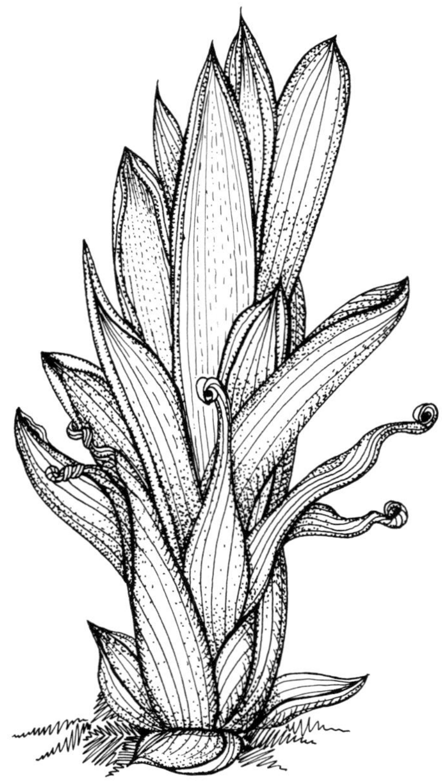

Brocchinia reducta

Beste Sommertemperatur:
13 bis 24 °C.
Beste Wintertemperatur:
4 bis 16 °C.

Wasser und Luftfeuchtigkeit: Die *Brocchinia*-Pflanzen sind immer so stark zu gießen, daß das *Sphagnum* am Leben bleibt und die Trichter gefüllt sind. Die Luftfeuchtigkeit soll konstant hoch sein. Bei hohen sommerlichen Temperaturen müssen die Pflanzen mehrmals täglich gewässert werden. *Brocchinia* hat keine eindeutige Ruhezeit.

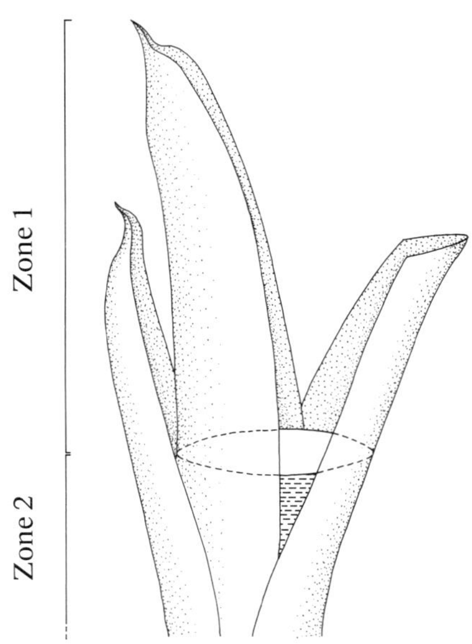

Brocchinia reducta. Beide Zonen sind behaart. Zone 1 (über Wasserspiegel) ist mit einer wachsartigen Substanz überzogen.

Vermehrung: *Brocchinia* ist ein Ananasgewächs. Obwohl mir nicht bekannt ist, ob Pflanzen dieser Gattung bisher in Kultur vermehrt wurden, gehe ich davon aus, daß sie, wie alle anderen Bromelien, ohne weiteres über Saat zu vermehren sind. Auch dürfte hier eine Vermehrung über Adventivpflanzen in Frage kommen.

Catopsis

Wie bei *Brocchinia* sind auch bei *Catopsis berteroniana*, einem weiteren Ananasgewächs, alle Kriterien der Karnivorie gegeben. Die Pflanze lockt Insekten an, fängt und verdaut sie und verwertet das tierische Eiweiß. Die Gattung *Catopsis* gehört zu der Unterfamilie *Tillandsoideae*, weicht aber vom konventionellen epiphytischen Wachstum ihrer Verwandten ab, und wächst, zumindest im südlichen Florida, in der prallen Sonne.

Catopsis berteroniana

Verbreitung: Diese Art ist von Florida bis hinunter zum südlichen Brasilien sowie auf den großen Antillen und mehreren kleinen Inseln der Karibik zu finden.

Merkmale: *Catopsis berteroniana* ist der einzige obligate Epiphyt, bei dem karnivore Eigenschaften eindeutig nachgewiesen wurden. Sie besiedelt die Mangrove *Rhizophora mangle* und andere Mangrovenbäume wie *Conocarpus*- und *Avicennia*-Arten, wächst aber auch weiter im Inland in herkömmlichen Wäldern bis in einer Höhe von 1200 m.

Die Pflanze ist gelblichgrün, was möglicherweise darauf hindeutet, daß das Chlorophyll nicht vollständig ausgebildet ist. Sie ist ferner vollständig von einer glatten, weißen Wachsschicht überzogen. Die trichterförmig angeordneten Blätter formen eine eindeutige Fallgrube. Die Verdauungsdrüsen befinden sich in einer Einbuchtung der Epidermis, einer Art Tasche. Sie sind aber darin nicht eingebettet, sondern liegen auf der Epidermisoberfläche. Eine weitere Eigenart dieser Pflanze besteht darin, daß die Infloreszenz im Gegensatz zu anderen Bromeliengewächsen hoch über die Laubblätter (bis zu 90 cm) emporragt. Dieses Phänomen der deutlichen Abtrennung der Blütenteile von dem Rest der Pflanze gilt in fast allen einschlägigen Werken als nicht geklärt. Meines Erachtens ist die Lösung dieses Problems nicht schwer:

Offensichtlich versucht die Pflanze, wie viele andere Karnivoren, ihre lebens- und fortpflanzungswichtigen Bestäuber vor den tiefer liegenden tödlichen Pflanzenteilen zu schützen. Es ist nur logisch, daß die Pflanze kein Interesse daran hat, die Insekten zu vernichten, die den Fortbestand der Art sichern.

Kultur

Kulturraum: Temperiertes oder warmes Gewächshaus.

Substrat: In der Kultur gedeihen die *Catopsis*-Pflanzen am besten auf Epiphytenstämmen, wobei die Pflanze bis zur Neubewurzelung am besten mit einem feinen Kupferdraht auf der Unterlage befestigt wird.

Düngung: Keine.

Licht und Temperaturen: Die *Catopsis*-Pflanzen brauchen viel Licht und mögen es am Tag ziemlich heiß. Daher sollten die Pflanzen in der Nähe des Fensters aufgestellt werden. Die Pflanzen brauchen eine deutliche Nachtabsenkung von mindestens 10 °C als Voraussetzung für eine erfolgreiche Kultur.

Wasser und Luftfeuchtigkeit: Die Luftfeuchtigkeit sollte konstant über 70 % gehalten werden, optimal sind 80 bis 95 %. Das Wässern erfolgt am besten durch Besprühen oder über einen Vernebler.

Vermehrung: Über Saat, Adventivpflanzen und möglicherweise über Blattstecklinge.

Cephalotus (Der Zwergkrug)

Diese, auf den ersten Blick als Miniaturausgabe von *Nepenthes* erscheinende Pflanze, wurde 1791 von Archibald Menzies (1754-1842) anläßlich einer Expedition nach Westaustralien gesammelt. Ungeklärt ist, ob der französische Naturkundler Jacques Julien Houtton de la Billardière (1753-1834), der der Expedition von Bruny d'Entrecasteaux angehörte und irgendwo im selben Gebiet an Land gegangen sein soll, auch *Cephalotus* gesammelt hat. Nach neuerer Forschung scheint es wahrscheinlich, daß de la Billardière dem *Cephalotus*-Standort nicht näher als 300 km gekommen ist. Allerdings muß de la Billardière von einem anderen Sammler diese karnivore Pflanze erhalten haben und/oder die Sammlungen von Robert Brown (1773-1858) gesehen haben, da er im Juli 1805 eine genaue Beschreibung in einer Mitteilung an das Institut Français sandte. Es war aber sicherlich Robert Brown, der die karnivoren Eigenschaften als erster, bereits im Jahre 1800, erkannte, wie man einem Brief von Kapitän Flinders, dem Leiter der Expedition, entnehmen kann. Wem auch die Ehre der Entdeckung zukommen mag, Tatsache ist, daß die Erstbeschreibung von de la Billardière stammt.

Die Pflanze wurde 1823 in dem berühmten botanischen Garten von Kew in Kultur genommen. Die Behauptung einschlägiger französischer Kreise, die Art blühte in Europa erstmals 1846 in den Gewächshäusern des naturhistorischen Museums von Paris, ist zumindest zweifelhaft. Die Namensgebung auch dieser Pflanze ist dem griechischen nachempfunden und bedeutet „mit einem Kopf versehen“. Obwohl diese Gattung nur eine Art umfaßt, ist sie schwer einzuordnen. Die Pflanzen bilden einerseits, ähnlich wie die *Nepenthes*-Arten, „Kannen“, sind andererseits aber näher mit den Steinbrechgewächsen (*Saxifragaceae*) verwandt. Die Blüte befindet sich am Ende einer langen Infloreszenz. Die Blüten haben keine Kronblätter, sondern lediglich 6 Kelchblätter, diese sind grünlichbraun. Zusammen mit den 12 Staubfäden und den 6 Fruchtblättern bilden sie eine kleine, wollige Spitze des Blütentriebes.

Cephalotus follicularis

Verbreitung: In den Sümpfen Westaustraliens. Das Verbreitungsareal ist einigermaßen begrenzt und erstreckt sich vom Deep-River bis zur Esperance Bay. *Cephalotus follicularis*, wächst in recht dichten, schilfdurchwachsenen Hochmooren. Die Pflanze ist einigermaßen salzresistent.

Merkmale: Das kriechende Rhizom hat zwei unterschiedliche Wachstumsphasen. Vom Spätsom-

Cephalotus follicularis; eine Besonderheit: die eiförmige Kannenöffnung

mer bis zum frühen Herbst werden ganzrandige Laubblätter und einige Niederblätter ausgebildet. Ab dem Spätherbst werden die Krugblätter geformt.

Die Kannen von *Cephalotus follicularis* werden zwischen 3 und 5 cm hoch und erreichen etwa einen Durchmesser von 2 cm. Im Gegensatz zu allen anderen kannenformenden Pflanzen haben die *Cephalotus*-Kannen eine eiförmige Öffnung. Nach oben hin wird die *Cephalotus*-Kanne durch einen mit Lichtfenstern versehenen Deckel, der auf der Unterseite Nektardrüsen trägt, abgeschlossen (Zone 1). Um die Öffnung liegt das Peristom (Zone 2). Es besteht aus einer Reihe von „Zähnen" (im allgemeinen 24). Jeder dieser „Zähne" ist nach innen und nach unten gebogen. In diesem Merkmal ähnelt die *Cephalotus*-Kannenstruktur der der *Nepenthes*-Arten, aber die „*Cephalotus*-Zähne" sind eindeutig gröber. Zwischen (und in seltenen Fällen auch auf) den „Zähnen" befinden sich Nektarien, die ebenso wie die Nektarien der Deckelunterseite zur Anlockung der Insekten dienen. Unter der Zahnreihe befindet sich ein trichterförmiger „Kragen" (Zone 3), der auf der Innenseite mit sehr feinen, spitzen, nach unten gerichteten Härchen versehen ist. Der Kragen ist breiter als die darunterliegende Kannenwand, so daß er eindeutig übersteht, eine weitere Hürde für ein fliehendes Beutetier. Nach unten hin folgt nun ein glattes Gewebe (Zone 4) ohne Drüsen, das dann letztendlich in das Verdauungsgewebe (Zone 5) – das durch viele Drüsen gekennzeichnet ist und zur Mitte hin dicker wird – übergeht; die *Cephalotus*-Falle ist also perfekt gebaut.

Gliederung der Kanne von *Cephalotus follicularis* (genauere Beschreibung siehe Text links)

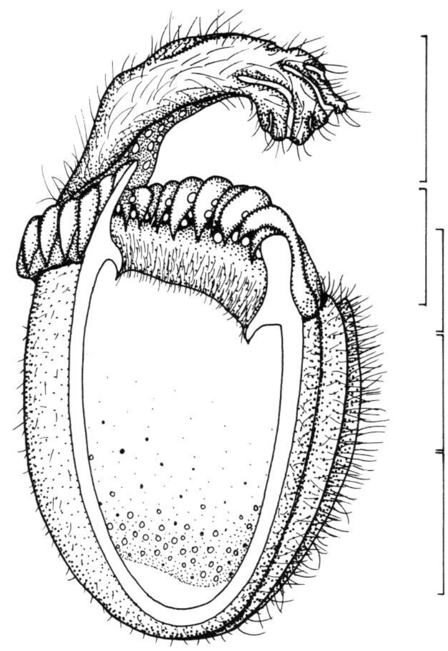

Die *Cephalotus*-Kannen stehen eng um den medianen, blütentragenden Pflanzenstamm gruppiert und sind oft zu einem großen Teil im Humus vergraben. Je nach Luftfeuchtigkeit öffnen oder schließen sich die Deckel mehr oder weniger. Die Hauptbeute von *Cephalotus follicularis* besteht aus Ameisen, aber sicherlich fallen der Kannenpflanze auch andere Kriechinsekten zum Opfer. Am natürlichen Standort stehen die *Cephalotus*-Pflanzen in größeren Gruppen zusammen, eine Eigenschaft, die sie mit einigen *Nepenthes*-Arten teilen, die auch des öfteren umfangreiche Populationen bilden.

Auch die Gattung *Cephalotus* trennt ihre Blüten eindeutig von den Kannen; sie bildet einen bis zu 50 cm langen Blütentrieb aus, der kleine, unscheinbare weiße Blütchen trägt. In Kultur ist die Pflanze nur sehr schwer zum Blühen zu bringen.

Kultur

Kulturraum: *Cephalotus* ist keine Zimmerpflanze. Sie braucht gleichmäßige Luftfeuchtigkeit und nimmt auch den geringsten Kulturfehler sehr übel. Geschlossene Blumenfenster oder Minigewächshäuser sind geeignete Kulturräume. Am besten gedeihen diese Pflanzen in einem temperierten Gewächshaus.

Substrat: Lebendes *Sphagnum* oder reiner Torf. Das Moos überwächst oft kleinere Pflanzen. Man sollte für eine gute Drainage sorgen, zum Beispiel durch das Auffüllen des unteren Drittels des Kulturgefäßes mit Styropormull. Die Rhizome legt man horizontal, ca. 1 cm unter die Substratoberfläche. So werden die meisten Austriebe erzielt. Senkrecht gepflanzte Rhizome bilden wenige, aber stärkere Triebe aus (siehe auch Seite 100).

Düngung: Alle 3 bis 4 Wochen eine dreimalige (nacheinanderfolgende Wassergaben) Düngung mit einer 0,1 %igen Lösung eines handelsüblichen Volldüngers.

Licht und Temperaturen: *Cephalotus* mag kein direktes Sonnenlicht; sie sollte an heller, aber beschatteter Stelle stehen. Die Tagestemperaturen sollten zwischen 15 und 20 °C liegen, in der Nacht um durchschnittlich 5 °C niedriger (10 bis 15 °C). Die Sommertemperaturen sollten nicht über 30 °C ansteigen.

Wasser und Luftfeuchtigkeit: *Cephalotus* braucht konstant hohe Luftfeuchte und konstante Bodenfeuchte. Ab Herbst bis zum Frühjahr sollte weniger gegossen werden als in der Wachstumsperiode. Es darf kein Gießwasser in die Kannen kommen, weil diese dadurch rasch absterben.
Die Ruhepause ist bei *Cephalotus* deutlich ausgeprägt. Die Überwinterung geschieht am besten im Kalthaus bei ca. 6 °C; die Pflanzen sollten dort hell stehen. Temperaturen bis 3 °C werden ertragen.

Vermehrung: Über Samen und vegetativ möglich. Die Saat ist allerdings wenig zu empfehlen, da *Cephalotus* ein sehr schlechtes Keimverhalten zeigt. Außerdem muß darauf geachtet werden, daß *Cephalotus follicularis* selbststeril ist. Dies bedeutet, daß zur Ausbildung von keimfähigen Samen mehrere Pflanzen notwendig sind. Eine gute Vermehrung von *Cephalotus* kann mittels Blattstecklingen und durch Rhizomteilung erreicht werden.

Voll ausgewachsene Laubblätter werden im Mai mit dem Blattstiel gleich über dem Rhizom abgetrennt und in lebendes *Sphagnum* oder eine feuchte Torfmischung gesteckt. Nach 4 bis 8 Wochen bilden sich am Grund der Blattstiele Wurzeln und Adventivsprosse entwickeln sich. Die Stecklinge sollten in Ruhe gelassen werden, bis die Jungpflanzen hervortreten. Sie können separat in Töpfe gepflanzt und wie die Mutterpflanzen gehalten oder auch neben die Mutterpflanzen in das Substrat gesteckt werden. Rhizomteilung ist aber die einfachste Methode *Cephalotus follicularis* zu vermehren: Die Rhizome werden in ca. 1,5 cm lange Stücke geschnitten und horizontal in Torfmull eingebettet.

Darlingtonia (Die Kobralilie)

Darlingtonia mit ihrer einzigen Art *Darlingtonia californica* wurde angeblich im Oktober 1841 von J. D. Brackenridge, der der berühmten Wilkes-Expedition angehörte, in der Mount Shaste Gegend entdeckt. Die offizielle Beschreibung erfolgte 1850 durch John Torrey (1796-1873), wobei das Manuskript aber erst 4 Jahre später veröffentlicht wurde. Obwohl die Pflanze ohne Zweifel eng mit der Gattung *Sarracenia* verwandt ist, bewertete Torrey ihre besonderen Merkmale so hoch, daß er sie als selbständige Gattung aufstellte und zu Ehren seines Freundes William Darlington (1782-1863) benannte. Obwohl diese Auffassung bisher von allen Autoren geteilt wurde, ist sie doch nicht gänzlich unumstritten. In der Tat wäre die generische Identität nur mit Mühe aufrechtzuerhalten, gäbe es nicht die eindeutige geographische Abtrennung von allen bekannten *Sarracenia*-Arten.

Die Pflanze ist nachweislich seit 1869 in Kultur. Im Jahr 1871 hatte sie offensichtlich die botanischen Anlagen von Kew in England erreicht, was einem Bericht des damaligen Direktors J. D. Hooker zu entnehmen ist. Die bisher ausgiebigste Studie der *Darlingtonia*-Pflanzen am Naturstandort wurde von Rebecca Merritt Austin zwischen dem 9. Februar 1875 und dem 6. März 1877 durchgeführt. Ihre Beobachtungen übermittelte sie in einer Reihe von Briefen an Dr. W. M. Canby, deren Originale als verschollen gelten. Vor einigen Jahren tauchten durch Frank Morton Jones erstellte Abschriften dieser Briefe auf, die sich jedoch nicht als vollständig erwiesen. Auszüge dieser Briefe wurden erst 1989 von Juniper *et al* (The Carnivorous Plants) veröffentlicht, leider ohne Quellennachweis.

Darlingtonia californica

Verbreitung: *Darlingtonia californica* ist lediglich im Süden des amerikanischen Bundesstaates Oregon und im Norden Kaliforniens beheimatet. Wie *Sarracenia* wächst die Pflanze gerne auf Gebirgswiesen oder in der Nähe von kleinen Flüßchen zwischen Nadelwäldern. Auch die Begleitflora ist ähnlich wie die von *Sarracenia*. Einige Forscher vermuten, daß *Sarracenia* und *Darlingtonia* aus einer gemeinsamen Ahnengattung mit *heliamphora*-ähnlichen Merkmalen hervorgegangen sind.

Deutlich sichtbar wird die Form der „gespaltenen Schlangenzunge“, wenn man das Schlauchblatt von *D. californica* im Detail betrachtet

Darlingtonia californica am Naturstandort in Kalifornien

Merkmale: *Darlingtonia* bevorzugt Standorte auf felsigem Untergrund, wo die normalen Pflanzennährstoffe und vor allem Calcium nur in sehr geringen Mengen vorhanden sind. Gleichzeitig zeigen diese Felsen aber hohe Anteile an Magnesium, Nickel und Chrom, die von *Darlingtonia* offensichtlich gut vertragen, aber nicht unbedingt benötigt werden, da die Pflanzen auf anderem Nährboden sogar besser wachsen.

Alle bisher bekannten *Darlingtonia*-Standorte liegen in Gebieten mit hohem Niederschlag (von 1000 mm in der Sierra Nevada bis 2000 mm entlang der Küste Oregons). Daher führen dort alle Flüsse immer reichlich Wasser und der Grundwasserstand ist ständig hoch. Da der Regen hauptsächlich im Winter fällt und somit keinen direkten Vorteil für *Darlingtonia* darstellt, ist offensichtlich die Höhe des Grundwasserstandes das entscheidende Wachstumskriterium. In der Mitte der Wachstumsperiode der Pflanzen unterscheiden sich in den natürlichen Verbreitungsarealen, die fast alle über 2000 M liegen, Luft- (25 °C) und Grundwassertemperatur (9 °C), deutlich. Es ist daher kaum verwunderlich, daß die Pflanzen in Kultur am besten gedeihen, wenn die Grundwassertemperatur künstlich gesenkt wird. Abgesehen davon, deuten die hochgelegenen Standorte darauf hin, daß die Pflanzen auch noch tiefere Temperaturen ertragen können. Die Verbreitung von *Darlingtonia* weist noch einige andere Eigenarten auf. Obwohl die Pflanzen, wie bereits erwähnt, offensichtlich nichts gegen „kalte Füße“ haben, wachsen sie niemals in stehenden Gewässern, eine Eigenschaft, die sie mit der australischen Kannenpflanze *Cephalotus* gemein haben, die wir aber bei anderen näher verwandten Kannenpflanzen nicht finden. Die südamerikanischen *Heliamphora*-Arten z. B. wachsen ausgezeichnet in stehenden Gewässern ihrer einmaligen Standorte auf den Tafelbergen. Die am gesündesten erscheinenden Pflanzen von *Darlingtonia* wachsen in fast purem Sand in ungefähr 5 cm tiefem, fließendem Wasser. Einige dieser *Darlingtonia*-Standorte sind seit über 100 Jahren bekannt.

Eine weitere ökologische Eigenart in Bezug auf *Darlingtonia* besteht darin, daß alle Kolonien nach Süden oder Südwesten ausgerichtet sind. Obwohl die entgegengesetzt ausgerichteten Hänge im Verbreitungsgebiet identische ökologische Gegebenheiten aufweisen, sind dort keine *Darlingtonia*-Pflanzen ansässig. Die Süd- bzw. Südwestausrichtung hat zur Folge, daß die zuerst ausgebildeten Schlauchfallen immer in einer Nord-Süd-Achse stehen. Für dieses Phänomen ist noch keine eindeutige Erklärung gefunden worden. Es ist aber bekannt, daß einige karnivore Pflanzengruppen (u. a. *Drosera*) nur dann blühen, wenn ganz bestimmte Licht- und Temperaturverhältnisse gegeben sind. *Darlingtonia californica* wächst manchmal zusammen mit *Sphagnum*-Moos, kommt aber oft ohne irgendwelche Begleitvegetation in größeren Populationen (bis zu 30 m Durchmesser) in purem Sand vor, was darauf hindeutet, daß, wie bei bestimmten Urwald-Bäumen, Rhizomverbindungen hergestellt werden, die eine Nährstoffverteilung über die ganze Population ermöglichen. Diese „*Darlingtonia*-Inseln" wachsen bevorzugt in Lichtungen von Misch- oder Pinienwäldern. Nur wenige *Darlingtonia*-Pflanzen wachsen im Schatten von Bäumen; sie kommen dort auch nicht richtig zur Entfaltung. Die Kolonien im Sand sind oft auch Standort einer anderen karnivoren Pflanze, nämlich *Drosera rotundifolia*. Daneben findet man am *Darlingtonia*-Standort oft Pionierpflanzen wie die Orchideen *Cypripedium californicum* und *Habenaria dilatata*.

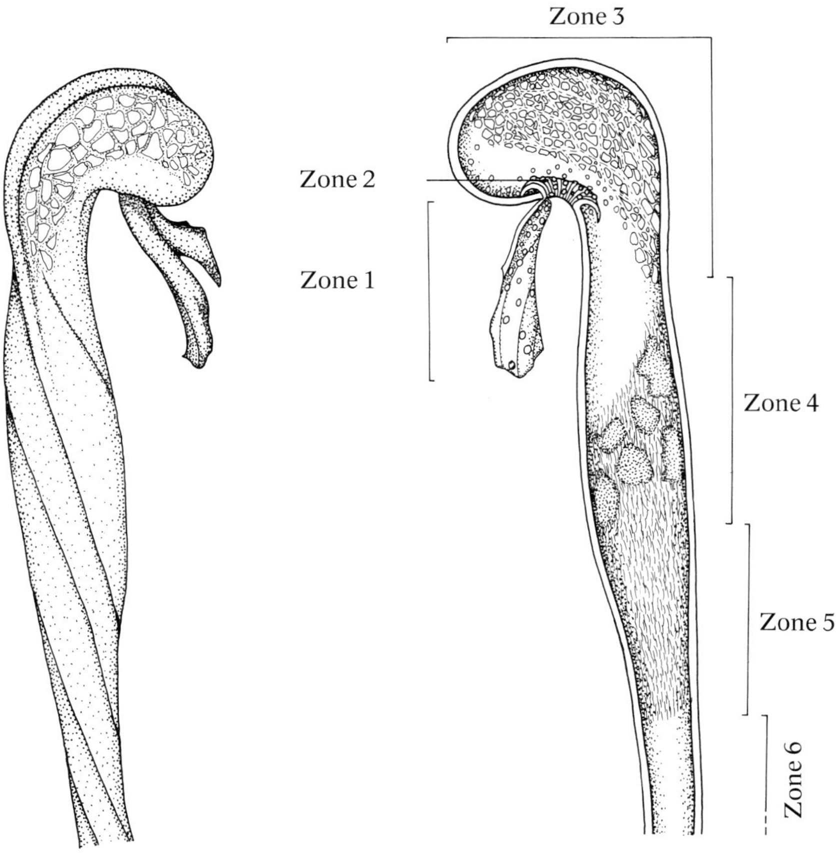

Darlingtonia californica. Auf der linken Seite erkennt man deutlich die Verdrehung der Schlauchblätter. Zone 1 bis 6 siehe Text.

Die Wälder und Buschvegetationen Kaliforniens brennen regelmäßig. Es kann davon ausgegangen werden, daß die Pinienwälder alle 3 bis 20 Jahre von einem Flächenbrand verwüstet werden. Kronenbrände sind aber selten, und die „Niederholzbrände" haben eine geringe Intensität und können den *Darlingtonia*-Kolonien anscheinend nichts anhaben; sie verhindern ganz im Gegenteil die übermäßige Ausbreitung der Bodenvegetation, die mit *Darlingtonia* um die geringen Nährstoffe konkurrieren könnte.

Die Grubenfallen von *Darlingtonia* zeigen einige Charakteristika, die wohl einmalig sein dürften. Die *Darlingtonia*-Schläuche sind so gedreht, daß jede Kuppel zur Hauptachse um 180 ° versetzt ist. Auf diese Weise wird sichergestellt, daß alle Schlauchöffnungen nach außen gerichtet sind und jeder neue Schlauch ein neues „Einzugsgebiet" abdeckt. Das erhöht die Chancen Insekten zu erbeuten. Der *Darlingtonia*-Schlauch läßt sich in sechs Zonen gliedern. Als Zone 1 wird der „Fischschwanz" oder die „Schlangenzunge" beschrieben – die zum Trivialnamen Kobralilie führte – und mit Nektarien versehen ist. Als Zone 2 bezeichnen wir den Peristomrand mit weiteren Nektarien. Zone 3 ist der Kuppenbereich mit den Fenstern, die offensichtlich für die Beuteanlockung von Bedeutung sind. Dieser Bereich geht in die Zone 4 über, die durch wachsartige Flecken und nach unten gerichtete Haare gekennzeichnet ist. Darunter befindet sich Zone 5, der Hauptleitbereich, der vollständig mit nach unten gerichteten Haaren überzogen ist und in der glatten, drüsenlosen Zone 6 endet.

Das geforkte Anhängsel, welches vor allem auf der Unterseite (ventral) mit Nektarien versehen ist, ist ebenfalls mit steifen gerundeten Haaren, die zur Fallenöffnung weisen, überzogen. Das Kuppeldach und der obere Teil der rückseitigen Schlauchwand zeigen ein unregelmäßiges Schachmuster mit weißen, lichtdurchlässigen Flecken, die weder Chlorophyll noch andere Pflanzenpigmente beinhalten. Die Flecken haben keinerlei Zellzwischenräume. Jedes der Fenster befindet sich inmitten eines Leitgewebegeflechts und zeigt weder Stomata (Öffnungen) – die ja wegen des Fehlens der Chlorophylle auch unnütz wären – noch Außenbehaarung. Die UV-Transmission durch diese Fenster ist fast so intensiv wie bei Glas. Die Funktion dieser Fenster besteht darin, die Insekten, die zu fliehen versuchen, zu verwirren und zu ermüden. Außer bei *Darlingtonia* findet man diese Fenster bei *Sarracenia*-Arten (*S. leucophylla*, *S. minor* und *S. psittacina*).

Am Eingang einer jeden *Darlingtonia*-Falle ist der Blattrand nach innen gerollt; er bildet die sogenannte „Nektarrolle". Diese zieht sich um die gesamte Öffnung und ist sowohl mit dem geforkten Anhängsel als auch mit dem Kiel verbunden, der als ventraler Flügel entlang der Schlauchaußenseite verläuft. Dieser deutlich ausgebildete „Flügel" ist eine der wenigen morphologischen Eigenarten, der *Darlingtonia* von *Sarracenia* unterscheidet.

Die von den Nektarien angelockten Insekten werden durch die Behaarung des Anhängsels zur Fallenöffnung geleitet. Von dort aus locken sie immer zahlreichere Nektarien über die Nektarrolle ins Innere des Schlauches. Dort stolpern sie über die glatten, wachsartigen Flecken, verlieren durch die Fenster die Orientierung und fallen letztendlich „in die Grube". Die Glätte der inneren Wand des *Darlingtonia*-Schlauches basiert hauptsächlich auf einer lockeren, wachsartigen Schicht, die die Insekten einerseits zum Stolpern bringt und andererseits die Beine verklebt und somit die Bewegungsfreiheit hemmt. Dieser glatte Bereich erstreckt sich über die ersten Zentimeter des Schlauches, den oberen Teil der 4. Zone auf unserer Zeichnung (siehe Seite 57). Er endet (anders als bei *Nepenthes*) nicht abrupt, sondern setzt sich in unregelmäßigen „Schlieren" nach unten fort. Eine derartige Wachszone bilden nur Pflanzen aus, die bei großer Lichtintensität wachsen. Die Fenster sind über dem ganzen oberen Teil der Pflanze verteilt. Die Epidermiszellen laufen dort in scharfe, nach unten gerichtete Haare (Epidermiszähne) aus. Die „Epidermiszähne" kommen oft bis zur Hälfte des Schlauches vor und vermischen sich dann mit den oberen Reihen der langen, gebogenen Haare der Zone 5. Je tiefer man in den Schlauch eindringt, um so dichter stehen diese Haare. Nur der Boden des Schlauches ist kahl.

Die untere Zone des Schlauchepithels besitzt keine besonderen Drüsen, ist aber absorptionsfähig, was auf das Fehlen der *Cuticula* zurückzuführen ist. *Darlingtonia* hat, soweit erkennbar, keinerlei Verdauungsgewebe. Die Beuteverdauung wird wahrscheinlich vollständig durch die mit der Pflanze assoziierte Fauna übernommen. Bereits Rebecca Austin hat über Dipterenlarven berichtet, die sich von den in den *Darlingtonia*-Fallen gefangenen Insekten ernährten. Der modernen Entomologie verdanken wir die Kenntnis, daß *Darlingtonia* meist von der Mücke *Metriocnemus edwardsii* besiedelt wird und einer Reihe von anderen Insekten, z. B. der Spinne *Eperigone trilobata*, recht häufig Unterkunft gewährt. *Metriocnemus edwardsii* ist aber der wichtigste Bewohner und wird in 80 bis 100 % aller *Darlingtonia*-Schläuche gefunden. Die Larven von *Metriocnemus* besiedeln den oberen Teil des Schlauches und leben von den frisch gefangenen Beuteinsekten. Spinnengewebe sind in 50 % aller *Darlingtonia*-Schläuche vorhanden; es wurden sowohl adulte Spinnen als auch Spinneneier entdeckt. In einigen Kolonien fanden sich in allen *Darlingtonia*-Pflanzen Netze, die aber nicht unbedingt auf Spinnen, sondern z. T. wahrscheinlich auf webende Arthropoden, wie z. B. *Anoetus*, zurückzuführen sind. Bei keiner der Arthropodenarten, die *Darlingtonia* besiedeln, fand man jedoch bisher irgendein Merkmal, das dieses Zusammenleben mit der Pflanze unentbehrlich erscheinen ließe. Trotzdem bedarf dieses Phänomen sicherlich weiterer Untersuchungen.

Ein weiteres interessantes Phänomen ist, daß in bestimmten Kolonien die ungeöffneten Schläuche einen Larvenbefall zeigen. Dies wurde aber nur in den Populationen beobachtet, die direkter Sonne ausgesetzt sind und hier wiederum vor allem in Populationen, deren junge Schläuche orange oder rötliche Pigmente ausbildeten. Das deutet darauf hin, daß unter besonderen Umständen bestimmte Insekten die Möglichkeit haben, die Zellwände zu durchbrechen, um ihre Eier im jungen Schlauch abzulegen. Auch dies bedarf weiterer Nachforschung.

Darlingtonia californica hat sich nicht auf einen Typ von Beuteinsekten spezialisiert. Es gibt Populationen mit hohen, aufrechtstehenden Schläuchen, die hauptsächlich Fluginsekten anzulocken versuchen. Andere Populationen zeigen Pflanzen mit kürzeren, am Boden liegenden Schläuchen, deren nektarträchtige „Zunge" offensichtlich eine Brücke für Kriechinsekten darstellt.

Darlingtonia californica hat sehr eigenartige Blüten mit größeren, gegen räuberische Arthropoden schützenden Brakteen. Die fünf gelblichgrünen Sepalen sind 4 bis 7,5 cm lang und verdecken die kürzeren Petalen der hängenden Blüte. Die fünf Petalen sind kastanienbraun bis purpur und zeigen konvergierende Spitzen. Zur Spitze hin sind die Petalenränder nach innen gerollt und formen somit fünf symmetrische Öffnungen, die den Zugang zu den Antheren und dem Stempel freigeben. Nach der Bestäubung richtet sich der Blütenstiel auf, so daß die umgekehrt eiförmige Saatkapsel aufrecht zu stehen kommt. Trotz z. T. tagelang ununterbrochener Observation über einen gesamten Zeitraum von 6 Jahren konnte Rebecca Austin nur zweimal beobachten, wie ein flugfähiges Insekt eine *Darlingtonia*-Blüte besuchte. Es handelte sich das eine Mal um eine Eintagsfliege, die kaum als Bestäuber in Frage kommen dürfte, das andere Mal ist das Insekt an Hand der überlieferten Aufzeichnungen kaum zu bestimmen. Obwohl die Gegend regelmäßig von Bienen, Schmetterlingen und Motten durchflogen wird, konnte niemals eine dieser Insekten-Arten auf einer *Darlingtonia*-Blüte beobachtet werden. Da Rebecca Austin aber feststellte, daß von den 50 Blüten, die sie am 11. Mai 1875 untersuchte, 48 (also 96 %) durch Spinnen verschiedener Art besiedelt waren die ihre Netze zwischen den Blütenteilen gesponnen hatten, ging sie davon aus, daß *Darlingtonia* durch diese Spinnen bestäubt wird. Ob dies zutrifft, oder ob die Pflanzen, wie eine andere Theorie behauptet, autogam, also selbstbestäubend sind, ist ein anderer, noch zu klärender Aspekt der *Darlingtonia*-Biologie.

Eine gesunde *Darlingtonia*-Population, die sich aufgrund fehlender Konkurrenz üppig entwickeln konnte

Kultur

Kulturraum: Temperiertes Gewächshaus, Jungpflanzen etwas wärmer.

Substrat: Lebendes *Sphagnum*, eine Mischung aus *Sphagnum* und anderen Moosarten oder eine Mischung von *Sphagnum* und kalkfreiem Sand.

Düngung: Alle 3 bis 4 Wochen drei- bis viermal gießen mit einer Lösung von 1 g Volldünger pro Liter Wasser. Auch sollte man die *Darlingtonia*-Töpfe alle 4 Wochen mehrmals ins Wasser tauchen und gut abtropfen lassen. Dies bewirkt eine gute Umspülung des Wurzelwerks, wobei die angesammelten Salzreste entfernt werden.

Licht und Temperaturen: *Darlingtonia*-Pflanzen gedeihen sowohl an sonniger als auch an schattiger Stelle in gut gelüfteten Räumlichkeiten. Bei Kultur unter intensiver Lichteinstrahlung (voller Sonne) werden die Triebe oft kurz und gedrungen und bekommen einen rötlichen Überzug. Im Halbschatten bleiben sie grün und werden deutlich länger. Im Hochsommer müssen alle *Darlingtonia*-Pflanzen leicht beschattet werden. Bei schattiger Kultur blüht *Darlingtonia* zwischen Mai und Juli. Die Pflanzen vertragen im Sommer Temperaturen bis ca. 30 °C, im Winter bis 0 °C.

Wasser und Luftfeuchtigkeit: *Darlingtonia* bedarf einer konstant hohen Luftfeuchte. Daher ist Freilandkultur bei *Darlingtonia* nur im direkten Bereich von Wasserflächen möglich. Ansonsten sind die Pflanzen unbedingt im Gewächshaus zu halten und mindestens zweimal täglich zu übersprühen. Man sollte gut wässern, allerdings ist dafür zu sorgen, daß keine Staunässe auftritt. In undurchlässigen Substraten faulen die Wurzelbereiche sehr schnell. Ab September werden die *Darlingtonia*-Pflanzen trockener gehalten. Man überwintert *Darlingtonia* am besten in einem kühlen Gewächshaus bei Temperaturen zwischen 12 und 15 °C.

Vermehrung: Durch Saat und vegetativ möglich.

Die Aussaaten erfolgen im Oktober/November in einer Mischung aus Sumpfmoos und kalkfreiem Sand (2:1). Die Schalen dürfen nicht abgedeckt werden, da *Darlingtonia* zu den Lichtkeimern gehört. Die Austrocknung kann durch eine Glasscheibe verhindert werden. Die Aussaatgefäße sollten bei 15 bis 20 °C gehalten werden. Bei frischem Samen erfolgt die Keimung bereits nach ca. 3 Wochen. Die Aussaatbehälter werden bei 12 bis 15 °C überwintert.

Während des Umtopfens lassen sich die *Darlingtonia*-Pflanzen sehr gut vegetativ teilen. Man trennt die Jungpflanzen am Ende der Rhizome.

Heliamphora (Der Sumpfkrug)

Die *Heliamphora*-Arten gehören noch heute zu den seltensten Pflanzen in den Karnivoren-Sammlungen. Auch wissenschaftlich stellt die Gattung eine der am wenigsten bekannten Pflanzengruppen dar.

Heliamphora wurde 1840 von George Bentham auf der Basis von Pflanzenmaterial beschrieben, welches der deutsche Naturforscher Robert H. Schomburgk 1838 oder 1839 während einer Expedition zu den Hochländern Guayanas sammelte. Diese erste Art wurde durch Bentham, der die karnivoren Eigenschaften der Gattung in Frage stellte, als *Heliamphora nutans* bezeichnet.

Bentham entwickelte den Gattungsnamen *Heliamphora* aus den griechischen Wörtern, „Ελος“ was Sumpf bedeutet und „Αμγοφεύς“, was in unserer Sprache mit „Amphore“ übereinstimmt. Die beste deutsche Umschreibung wäre also „Sumpfkrug“ oder „Sumpfkanne“. Die aus dem Englischen übernommene Bezeichnung „Sonnenkanne“, die des öfteren Verwendung findet, beruht auf einer sprachlichen Fehlinterpretation, die durch die Verwechslung der zwei ähnlich lautenden griechischen Wörter „Ελος“ (= Sumpf) und „Ηλιος“ (= Sonne) entstanden ist.

Heliamphora heterodoxa bevorzugt saure und extrem nährstoffarme Böden

Blüte von *Heliamphora heterodoxa*: auch Fleischfressende Pflanzen bestechen nicht nur durch ihre Blätter

Nach der Entdeckung der ersten Art dauerte es fast ein ganzes Jahrhundert bis weitere Arten der Gattung gefunden wurden. Vielleicht bergen die extrem abgelegenen Heimatareale auch heute noch unbekannte *Heliamphora*-Spezies. Bisher werden im allgemeinen 7 Arten anerkannt, wobei allerdings festgestellt werden muß, daß sowohl die Taxonomie als auch die ökologischen Aspekte der Gattung weitgehend ungeklärt sind.

Heliamphora wächst ausschließlich im mittleren und höheren Bereich der Roraima Sandsteinformation des Grenzgebietes von Venezuela, Brasilien und dem ehemaligen britischen Guayana. Die Guayana-Platte ist eine seit dem Präkambrium bestehende Landplatte. Die tafelförmigen Sandsteingebirge der Roraima Formation, die die Heimat von *Heliamphora* ausmachen, sind wahrscheinlich ungefähr 1 700 Millionen Jahre alt. Die heute bekannte Ausformung ist aber viel jüngeren Datums. Die Hochebene ist gekennzeichnet durch 600 bis 1000 m hohe Tafelberge (Tepui), die dank ihrer Unzugänglichkeit auch heute noch mit dichtem tropischen Regenwald bedeckt sind. Der höchste Punkt ist der Gipfel des Mount Roraima (2730 m), ziemlich genau der Grenzpunkt zwischen Venezuela, Brasilien und Guayana. Die Tepui wurden durch die Kombination von Landerhebungen und rasch fortschreitender Erosion gebildet. Es ist zwar nicht feststellbar wann diese Tafelberge wirklich zu strikt isolierten Standorten wurden, aber die Aufteilung der amerikanischen Schlauchpflanzen in die verschiedenen Gattungen *Darlingtonia*, *Heliamphora* und *Sarracenia* war sicherlich vor der Isolation der südamerikanischen Tepui abgeschlossen. Durch die extreme Abgeschiedenheit sind einzigartige „Vegetationsinseln“ entstanden, die sich der Kombination von intensiver Sonneneinstrahlung, kalter Höhenluft und hohen tropischen Niederschlagsmengen angepaßt haben.

Merkmale: Alle *Heliamphora*-Pflanzen sind krautig und wachsen terrestrisch. Sie bestehen aus einem robusten Rhizom, woraus einfache oder verzweigte Stämme entstehen. Sowohl „normale“ schwertförmige als auch trichterförmige Blätter finden sich bei

Heliamphora; bei einigen Arten sind sie zu Blattrosetten zusammengefaßt. Es deutet einiges darauf hin, daß *Heliamphora* ein Bindeglied zwischen „normalen" Pflanzen und „Kannenpflanzen" darstellt. Ebensogut aber könnte *Heliamphora* eine primitive Entwicklungsstufe zur Kannenpflanze darstellen.

Die Blätter der verschiedenen *Heliamphora*-Arten variieren in ihrer Größe zwischen einigen Zentimetern und über einem Meter. Obwohl es Anzeichen dafür gibt, daß *Heliamphora* nicht unbedingt zu den erfolgreichen karnivoren Pflanzen gehört was den Beutefang anbelangt, so hat sich bei der Gattung doch eine sehr komplexe Falle ausgebildet. Diese kann in 5 Bereiche aufgeteilt werden (siehe Zeichnung). Zone 1 ist der „Löffel", der möglicherweise unterstützende Funktion bei der Anlockung der Insekten hat und auf dessen Unterseite (Innenseite) zwei verschiedene Nektardrüsen vorhanden sind, die einen sehr intensiven, süßen Geruch verbreiten. Gleich darunter fängt der primäre Leitbereich, Zone 2, an, der sich durch nach unten gerichtete, hohle Haare auszeichnet. Er umgibt Zone 3 die glatt ist, vollständig mit Nektardrüsen überzogen und hauptverantwortlich für die Anlockung der Beute ist. Untersuchungen deuten darauf hin, daß sich sowohl *Heliamphora* als auch *Brocchinia* (die beide denselben Lebensraum haben) bei der Anlokkung in gewisser Weise auf die Brechung des UV-Teils des Lichtes stützen. Bemerkenswert ist auch, daß der Nektargeruch der beiden Gattungen sehr ähnlich ist; es ist nicht auszuschließen, daß hier Mimikry vorliegt. Der vierte Bereich, Zone 4, ist zwar behaart, die Härchen sind aber viel kürzer als die der Zone 2 und haben dicke Zellwände, sind somit sehr steif. Dieser Bereich weist keinerlei Drüsengewebe auf; er hat offensichtlich die Funktion, die Flucht eines Beutetieres zu erschweren. Die letzte Zone, Zone 5, stellt eine zweite Leitzone dar, die wiederum mit abwärts gerichteten Haaren besetzt ist. Diese werden nach unten hin immer dichter. Während die unteren Wände der Schläuche bei anderen Gattungen (*Sarracenia*, *Darlingtonia*) im allgemeinen verdickt sind um zu verhindern, daß sie die Insekten mit ihren kräftigen Mandibeln durchbeißen, weisen die des *Heliamphora*-Schlauches keinerlei Verstärkung auf. Die Schläuche sind in relativ symmetrischen Kreisen angeordnet, wobei die Öffnungen nach innen gerichtet sind (Unterschied zu *Darlingtonia*).

Es gibt kaum Informationen über die möglichen Beutetiere. Sehr wenige Forscher haben sich bisher zu den *Heliamphora*-Populationen der Tepui vorgearbeitet; die spärlichen Erfahrungsberichte bedürfen deshalb sicherlich noch der Bestätigung. Interessant ist, daß zwei Arten (*Zinzala fishii* und *Zinzala zinzala*), einer bis dahin unbekannten, eng mit *Wyeomyia*

Fangblatt von *Heliamphora* mit den verschiedenen Zonen

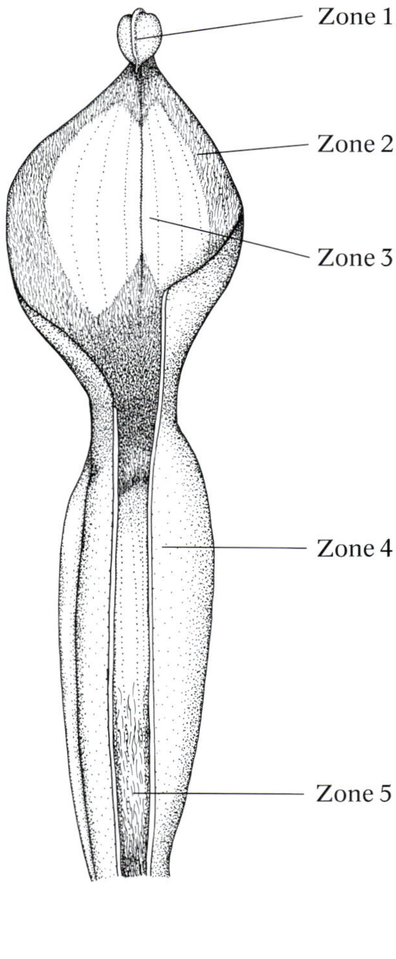

Heliamphora heterodoxa; deutlich sichtbar: der relativ kleine Blattdeckel

verwandten Moskito-Gattung, in den *Heliamphora*-Schläuchen entdeckt wurden.

Arten

Heliamphora heterodoxa

Verbreitung: *Heliamphora heterodoxa* wächst auf dem Ayuan-Tepui von Estado Bolivar im Süden Venezuelas in einer Höhe von 2400 m über dem Meeresspiegel. Volles Sonnenlicht und Humusansammlungen, die oft in stehendem Wasser liegen das sich in dem ausgehöhlten Sandstein sammelt, sind kennzeichnend für seine Standorte.

Merkmale: Diese Art hat bis 30 cm lange Schläuche, die ungefähr in der Mitte eingeschnürt sind. Die inneren Wände des Schlauches sind mehr oder weniger behaart, was zu der Beschreibung der Varietäten „*glabra*" (oberer Teil der Schlauchinnenseite unbehaart) und „*heterodoxa*" (oberer Teil der Schlauchinnenseite behaart) geführt hat. Bei var. *exappendiculata* ist nur ein rudimentärer Blattdeckel vorhanden.

Das Substrat, in dem die Pflanzen anscheinend gut gedeihen, ist sehr sauer und extrem nährstoffarm. Die höchsten Tagestemperaturen liegen um 15 °C. Die Pflanzen wachsen in riesigen Kolonien zusammen mit *Stegolepis*, *Paepalanthus*, *Teuia*, *Xyris*, *Cyrilla*, *Tofieldia*, *Nietneria*, *Cottendorfia* und *Brocchinia*. Nur wenige Exemplare scheinen in Kultur zu sein. Sie sollten unbedingt gärtnerisch vermehrt werden.

Heliamphora ionasi

Verbreitung: Diese Art wurde von Maguire und J. Boyan auf dem Ilu-Tepui in Venezuela gefunden.

Merkmale: Der weitglockige Schlauchtrichter wird bis zu 50 cm lang – in seltenen Fällen auch länger. Die Schläuche sind im oberen Teil eingeschnürt und werden von einem verhältnismäßig großen Deckelrudiment überragt. Die oberen Teile der Blätter färben sich im Alter rosa bis rot. Am natürlichen Standort bilden *Heliamphora ionasi* riesige Rosetten. Die Blüten sind anfangs weiß, später rötlich.

Heliamphora macdonaldae

Eine Pflanze, die von manchen Forschern auch als Varietät von *Heliamphora tatei* betrachtet wird (siehe unten), mit der sie ganz offensichtlich eng verwandt ist. Der einzige gravierende Unterschied scheint darin zu bestehen, daß die Schläuche von *Heliamphora macdonaldae* innenseitig – mit Ausnahme der Mittelzone – unbehaart sind.

Heliamphora minor

Verbreitung: Sie wurde 1937 durch Tate auf dem Mount Auyan-Tepui in Venezuela entdeckt.

Merkmale: Dies ist die kleinstwüchsigste Art der Gattung. Die Trichterhöhe liegt bei ca. 7,5 cm; der Durchmesser der Trichter beträgt 8 bis 10 mm. Die Schläuche sind im oberen Teil zusammengeschnürt. Die Innenseite des extrem kleinen Deckelrudiments ist rot.

Heliamphora neblinae

Verbreitung: Diese *Heliamphora*-Art wurde 1953 von Maguire und seinem Expeditionskollegen auf dem Cerro de la Neblina in Venezuela erstmals gefunden.

Merkmale: Die Art ist relativ variabel mit Schläuchen bis zu 30 cm Höhe. Die Blüten sind weiß (var. *neblinae*), grünlich (var. *virides*) oder zartrosa überhaucht (var. *parva*). Die letztgenannte Varietät ist auch an den leicht rot getönten Trichtern zu erkennen.

Heliamphora nutans

Verbreitung: Venezuela, Guayana

Merkmale: *Heliamphora nutans* ist die Typusart der Gattung. Die Pflanzen haben bis zu 15 cm hohe Schläuche mit einer Einschnürung unweit des oberen Endes. Die Innenseite des Deckels ist rot. Die Blüte ist anfangs weiß, später rot.

Heliamphora tatei

Verbreitung: *Heliamphora tatei* formt riesige Populationen, die ausgedehnte moorähnliche Savannengebiete Venezuelas und Guayanas überwachsen.

Merkmale: Diese *Heliamphora*-Art wächst sehr verzweigt (dendroid). Sie wird in dichter Vegetation bis zu 1,5 m hoch, erreicht an exponierten Standorten aber ohne weiteres eine Gesamthöhe von 4 Metern. Die einzelnen Schläuche sind bis zu 40 cm lang und entstehen an den strauchartigen Stämmen. Die Schläuche sind innen behaart, die Blüten anfangs weiß, später rot.

Die verschiedenen Wuchsformen innerhalb der Art könnten auf verschiedene Beutetiere hindeuten, eine Vermutung, die auch durch die relative Erfolglosigkeit dieser Karnivore erhärtet wird. Die verschiedenen Wuchsformen stellen, so betrachtet, den Versuch dar, durch neue Anpassungsleistungen den Beutefang zu verbessern. Allerdings stammt diese Annahme aus Kulturerfahrungen, die ergaben, daß *Heliamphora* in der „Gefangenschaft“ keine Insekten zu fangen vermag. Auf jeden Fall ist es bewiesen, daß *Heliamphora*-Pflanzen unter ungünstigen Lichtverhältnissen keinen funktionstüchtigen Schlauch ausbilden.

Heliamphora tyleri

Eine Pflanze, die im allgemeinen zu *Heliamphora tatei* gerechnet wird, da die „Unterschiede“ nicht nennenswert sind.

Kultur

Der relativen Unbekanntheit der Gattung entsprechend sind bisher nur wenige Arten in Kultur genommen worden. *Heliamphora*-Pflanzen sind sehr schwer zu kultivieren und sollten nur von erfahrenen Hobbyisten erworben werden.

Kulturraum: Kalthaus (siehe Erklärungen Seite 105).

Substrat: Lebendes *Sphagnum*, eine Mischung aus *Sphagnum* und anderen Moosarten oder eine Mischung aus *Sphagnum* und kalkfreiem Sand.

Düngung: Düngegaben sind nicht zu empfehlen, in der Regel führen sie zum Verlust der Pflanzen.

Licht und Temperaturen:
Heliamphora benötigt sehr viel Licht und sollte daher an der hellsten Stelle des Gewächshauses stehen. Unter solchen Bedingungen können sich der Pflanzstoff und die Lufttemperatur während der Sommermonate aber zu sehr erwärmen. Hier ist für Abhilfe – indirekte Kühlung durch eine Berieselungsanlage – zu sorgen. Bei zu wenig Licht werden nur flache Blätter und keine Trichter ausgebildet. Bei Kunstlichtkultur benötigen die Pflanzen im Sommer 14, im Winter 13 Stunden Licht. Die Temperaturen sollten nicht über 26 °C ansteigen und niemals unter 3 °C absinken.
Beste Sommertemperatur:
13 ° bis 24 °C.
Beste Wintertemperatur:
4 ° bis 16 °C.

Wasser und Luftfeuchtigkeit:
Die *Heliamphora*-Pflanzen sind immer so stark zu gießen, daß das *Sphagnum* am Leben bleibt und der untere Teil der Trichter gefüllt ist. Nach ungefähr einem Jahr ist das Substrat so weit verrottet, daß es sich immer mit Wasser vollsaugt. Wenn die Pflanzen nun nicht umgetopft werden, fangen die Wurzeln an zu faulen, was zum Verlust der Pflanze führen kann. Die Luftfeuchtigkeit soll konstant hoch sein. Bei hohen sommerlichen Temperaturen müssen die Pflanzen mehrmals täglich gewässert werden.

Heliamphora durchlebt keine eindeutige Ruhezeit und auch im Winter bilden die Pflanzen weiterhin Blätter. Die niedrigen Wintertemperaturen bewirken aber den Blütenansatz ab Dezember.

Vermehrung: Durch Saat und vegetativ möglich.
Die Aussaaten erfolgen auf das gleiche Substrat, in das die Mutterpflanze getopft ist. Aussaaten sind schattig und bei rund 20 °C zu halten. Die Keimung erfolgt frühestens nach 6 Wochen, kann aber auch erst nach 9 Monaten eintreten. Die Saatvermehrung von *Heliamphora* ist sehr langwierig, da die Sämlinge äußerst langsam wachsen. Möglicherweise spielen am Naturstandort einige, uns bisher nicht bekannte Faktoren oder Zusammenhänge eine Rolle.

Die vegetative Vermehrung von *Heliamphora* hingegen ist sehr leicht. Im Frühsommer kann man ohne weiteres die Horste teilen. Die Wurzeln und Schläuche sind jedoch extrem brüchig. Ferner bilden sich an den Meristempunkten des Rhizoms und der Stämme Adventivpflanzen, die von der Mutterpflanze getrennt werden können. Auch hierfür ist das späte Frühjahr oder der Sommer der am besten geeignete Zeitpunkt.

Heliamphora-Arten sind, wie bereits erwähnt, eine Rarität. Die Herkunftshabitate sind äußerst abgelegen; deshalb werden diese Pflanzen – was gut ist – auch nur selten exportiert. Natürlich folgt daraus, daß Botanische Gärten die in ihrem Bestand befindlichen Pflanzen besonders sorgsam pflegen und versuchen, sie schonend zu vermehren. Dies sollte auch das Ziel eines jeden Hobbyisten sein, wenn er das Glück hat eine solche Pflanze zu besitzen. Es ist der wirksamste Arten- und Naturschutz, den man sich vorstellen kann.

Nepenthes

Diese wohl prächtigste und spektakulärste Gattung der karnivoren Pflanzen wurde im Jahr 1658 durch den französischen Gouverneur von Madagaskar erstmals beschrieben. Er verwendete wahrscheinlich die einheimische Bezeichnung „Amramitico". Der heute geläufige Name stammt aus dem Jahr 1753 und wurde von Linné vergeben, der ihn aus der griechischen Mythologie entlieh. Dort galt *Nepenthes* als ein Zauberkraut, das von Sorgen und Ängsten befreit (nepenthes = sorgenfrei, kummerstillend).

Obwohl somit auch diese Gattung Linné eindeutig bekannt war, weigerte er sich dennoch, die karnivoren Eigenschaften der Pflanzen anzuerkennen. Diese Anerkennung erfolgte erst über 100 Jahre später, als W. J. Hooker (1785-1865) über die neu entdeckte *Nepenthes villosa* schrieb: „... die Kanne ... ist ohne Zweifel eine große Erfindung der Natur zum Zwecke der Anlockung und der Vernichtung von Insekten."

Die Gattung *Nepenthes* ist auf die östlichen Tropen beschränkt. Die Standorte sind aber sehr unterschiedlich. Die Pflanzen wachsen ab Meereshöhe, wo sie teilweise im direkten Einflußbereich der Brandung zu finden sind, bis hinauf in Höhen von über 3000 m. *Nepenthes rajah* wurde auf Borneo in 3000 m Höhe gefunden, *Nepenthes villosa* im gleichen Gebirgsmassiv sogar in Höhenlagen von

Nepenthes intermedia

3500 m. Auch *Nepenthes vieillardii* ist eine Hochgebirgspflanze. Sie wächst in Irian Jaya (dem indonesischen Bereich der Insel Neuguinea) und kommt in Höhenlagen bis zu 3520 m vor.

Die Gattung umfaßt etwa 80 Arten, wovon fast 30 auf Borneo beheimatet sind. Die westliche Grenze des Verbreitungsareals der Gattung wird durch die isolierten Vorkommen von *Nepenthes khasiana* in Indien gebildet. Auf den Seychellen und auf Sri Lanka kommen je eine, auf Madagaskar zwei Arten vor. Für das afrikanische Festland sind keine *Nepenthes*-Arten verzeichnet worden. Nach Norden hin erreicht die Gattung China und im Süden dehnt sie sich bis zu den nördlichsten Teilen Australiens aus.

Einige Arten sind sehr weit verbreitet. *Nepenthes mirabilis* kommt z. B. von Südostchina bis nach Neuguinea vor. Eine andere Art – *Nepenthes ampullaria* – hat zwei Verbreitungsgebiete, die über 1600 km voneinander getrennt sind. Im Westen besiedelt die Pflanze die Sunda-Inseln, im Süden ist sie im westlichen Teil Neuguineas weit verbreitet. Viele der anderen Arten scheinen aber ein eng begrenztes Vorkommen zu haben. Sie sind teilweise nur auf einem Gebirgszug zu finden.

Die meisten der *Nepenthes*-Arten sind eindeutige Waldpflanzen. Nur einige wenige – *N. albomarginata*, *N. reinwardtiana* und *N. treubiana* – wachsen an Stränden, teilweise im Bereich des Spritzwassers. Auch *Nepenthes mirabilis* wurde bereits im puren Sand am Strand der Insel Palau gesichtet.

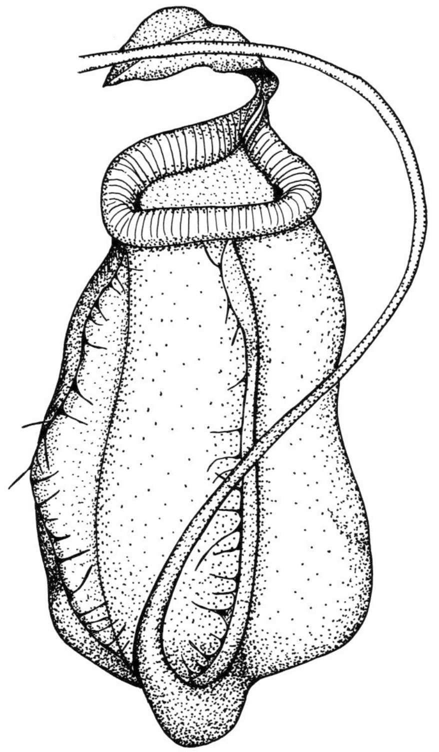

Nepenthes sp. (untere Kanne)

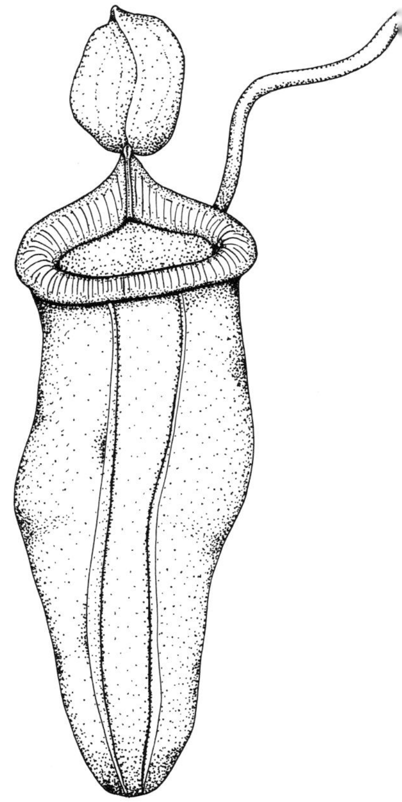

Nepenthes sp. (obere Kanne)

Die Wuchsform der Pflanzen der Gattung *Nepenthes* variiert sehr stark. Bei einer relativ jungen Pflanzengruppe, die sich offensichtlich schnell entwickelt, ist das auch kaum verwunderlich. Die Jungpflanze bildet eine Rosette mit Blättern, die von einem kurzen Sproß in alle Richtungen wachsen. Am Ende der Blätter wird normalerweise eine Kanne ausgebildet. Bei sehr jungen Pflanzen ist die Basis der Kannen rundlich und steht auf dem Boden. Die Kannenöffnungen sind nach innen gerichtet. Bei *Nepenthes ampullaria* bleibt diese Wuchsform auch im Alter erhalten; es werden nie Luftkannen ausgebildet. Andere Arten bilden zwei verschiedene Kannenformen aus. Der Unterschied kann sehr deutlich sein, wie z. B. bei *N. distillatoria*, *N. pervillei*, *N. madagascariensis* und *N. masoalaensis*. Diese extrem unterschiedlichen Kannenformen haben die Systematiker mehr als einmal gründlich verwirrt: Ein- und dieselbe Art wurde wiederholt als „neue Art" beschrieben.

Die oberen Kannen sind eher röhrenförmig, die unteren eher rundlich, was damit zu tun hat, daß die oberen Kannen dem Fang von Fluginsekten angepaßt sind, während die unteren sich stärker auf Kriechinsekten ausrichten. Die

Öffnung der oberen Kannen zeigt nach außen, die Kannenflügel sind relativ klein oder vollständig zurückgebildet. Bei einigen Arten läßt sich außerdem eine deutliche Einschnürung unter der Öffnung bemerken, alles Eigenschaften, die den Fang von Fluginsekten positiv beeinflussen. Weiterhin ist zu erkennen, daß die Blühphase der Pflanzen parallel zur Ausbildung von Luftkannen läuft. Obwohl das zunächst nicht zweckmäßig erscheint weil die Bestäubung gegenüber dem Beutefang Vorrang haben müßte, entpuppt sich dieses Zusammenspiel letztendlich doch als sinnvoll: Durch die Vielfalt der Insekten und die Vielzahl der Individuen des Bestäubers ist sichergestellt, daß nicht alle Blütenbesucher in den Kannenfallen enden.

Soweit bekannt keimt *Nepenthes* immer im Boden. Viele, aber keineswegs alle Arten, entwickeln sich später zu Kletterpflanzen und einige entwickeln sich zu echten Epiphyten. F. W. T. Burbidge (1847-1905) notierte diese Eigenschaft für *Nepenthes veitchii* bereits 1882: „... ich habe die Pflanze niemals am Boden angetroffen, aber in 7 bis 30 m Höhe wächst sie in großen Mengen an den Baumstämmen“. Daß *Nepenthes*-Arten epiphytisch wachsen, ist später noch von mehreren Autoren bestätigt worden und kann somit als gesichert gelten. Oft besiedeln die Pflanzen bestimmte Baumarten. So scheint *Nepenthes veitchii* eine Vorliebe für *Tristania anomala* zu haben, während *Nepenthes villosa* (syn. *N. edwardsiana*) sowohl *Casuarina*, *Dacrydium* und *Rhododendrum* besiedelt. *Nepenthes reinwardtiana* ist manchmal als Epiphyt auf *Dipterocarpus oblongifolius* zu finden.

Sehr oft aber ist *Nepenthes* auch als regelrechter Bodenbedecker anzutreffen. Berichte über Standorte in Malaysia sprechen von riesigen Arealen „... wo es unmöglich ist, einen Schritt zu tun, ohne auf eine *Nepenthes*-Pflanze zu treten“ (Fowlie 1973).

Wie wir oben bereits angedeutet haben, findet man oft mehrere *Nepenthes*-Arten an einem Standort und sehr oft werden auch die entsprechenden Naturhybriden gefunden. Einiges weist ferner darauf hin, daß *Nepenthes*-Arten (und andere karnivore Pflanzen) sich sehr oft mit bestimmten nichtkarnivoren Pflanzen assoziieren. Bekannt ist das von einer nicht genau identifizierten *Nepenthes*-Art und *Paphiopedilum hookerae* auf Borneo. Im selben Gebirgszug auf Borneo findet man auch Standorte, wo *Nepenthes villosa* sich mit anderen Orchideen assoziiert, darunter *Paphiopedilum dayanum*, *Malaxis*- und *Phalaenopsis*-Arten. Wahrscheinlich muß man daraus schließen, daß es sich sowohl bei den karnivoren Pflanzen als auch bei den Orchideen um Pflanzengruppen mit niedriger Wettbewerbsfähigkeit handelt. Trotzdem sollte nicht unerwähnt bleiben, daß es sich zumindest bei den *Paphiopedilum*-Pflanzen auch um eine Art Mimikry handeln könnte. Die Blüten der Orchideen mit ihren sackförmig ausgebildeten Lippen könnten von „unerfahrenen“ Insekten für nektaranbietende *Nepenthes*-Kannen gehalten werden.

Die Falle von *Nepenthes* hat einige interessante Besonderheiten. Die Wand der Kanne ist dünn, manchmal sogar durchscheinend und trotzdem bemerkenswert robust. Diese Festigkeit basiert auf einer dickwändigen Epidermis, sowohl der Innen- als auch der Außenseite. Zusätzlich findet man hier sogenannte Idioblasten – große längliche Zellen mit spiralförmigen Verdickungen. Diese Verstärkungen haben offensichtlich den Zweck, die Flucht von Insekten mit starken Mundwerkzeugen, wie z. B. die Wespen der Gattungen *Xylocopa* und *Ceratina*, die ohne weiteres ein Loch durch das Blattwerk beißen könnten, zu verhindern.

Im allgemeinen kann die *Nepenthes*-Kanne in 4 Bereiche unterteilt werden. Der obere Teil wird vom Peristom mit seinen Nektarien und dem Deckel gebildet. Dieser Bereich wurde bereits von Hooker als „Anlockzone“ bezeichnet. Der Deckel ist, zumindest bei einigen Arten, als Überflu-

Gliederung einer *Nepenthes*-Kanne (Beschreibung der Zonen siehe Text)

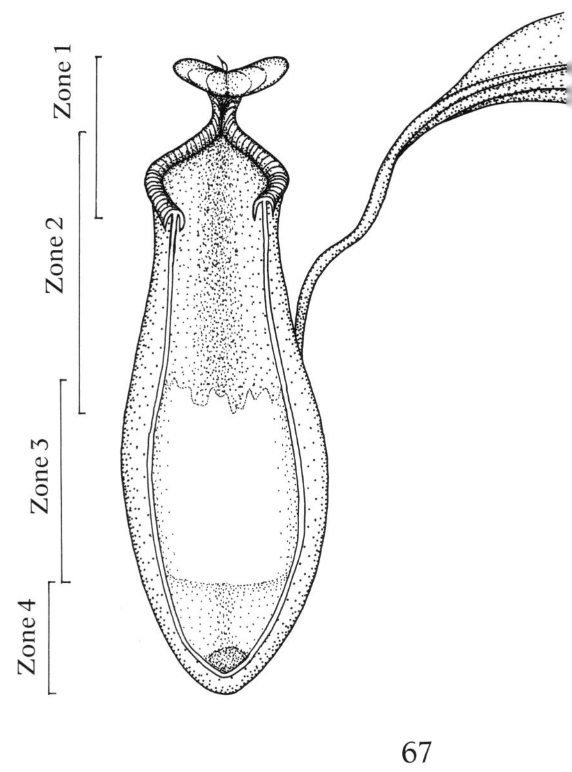

tungsschutz anzusehen. Immerhin wachsen viele der *Nepenthes*-Arten in regenreichen Gebieten. Bei einigen Arten ist der Deckel jedoch nur noch rudimentär vorhanden, so daß die Schutzfunktion minimal sein dürfte.

Die Nektarien zwischen den „Zähnen" des Peristoms locken die Insekten an (obwohl sie keinerlei Anlockduft zu verbreiten scheinen) und verführen diese, sich in die darunterliegende Gleitzone hineinzuwagen. Dieser zweite Bereich ist mit Wachs beschichtet, sehr glatt und fühlt sich etwas schleimig an. Die Insekten verlieren den Halt und fallen in den unteren Teil der Kanne, wo sie in der Flüssigkeit ertrinken. Enzyme lösen die Nährstoffe auf und diese werden dann durch die Zellen der Verdauungszone absorbiert. Diese Zone ist meist glänzend, manchmal rot. Auch dieser Bereich ist mit einem schleimartigen Film überzogen. Die Insekten können sich hier so gut wie gar nicht fortbewegen. Die Flüssigkeit in der Kanne ist außerdem oberflächenaktiv, d. h. seifenähnlich. Diese „Seifenstruktur" wird möglicherweise durch die gelösten Eiweißstoffe der Beutetiere und durch die Zuckerabsonderungen der *Nepenthes*-Zellen, vermischt mit den verschiedensten Verwesungsprodukten, hervorgerufen. Wie dem auch sei, das Resultat ist, daß die Atmungsöffnungen der Insekten, die in diese „Suppe" hineinfallen, sehr schnell abgedichtet werden, was zum sicheren Tod des Beutetieres führt.

Einige *Nepenthes*-Arten zeigen mehr oder weniger spitze Zähne an der Basis des Peristoms. Bei *Nepenthes bicalcarata* und *Nepenthes intermedia* sind zwei dieser Zähne zu langen, extrem scharfen Dornen ausgebildet. Die Funktion dieser Dornen ist nicht geklärt. Es scheint mir aber logisch, anzunehmen, daß sie den Beuteraub durch Nager oder andere Tiere verhindern sollen. So könnte man gleichzeitig erklären, warum Nager und kleinere Affenarten in den *Nepenthes*-Fallen gefunden wurden. Es ist sehr unwahrscheinlich, daß solche Tiere die gezielte Beute der *Nepenthes* darstellen. Vielmehr ist anzunehmen, daß diese Tiere beim Versuch, die gedeckte „*Nepenthes*-Tafel" abzuräumen, den scharfen Peristomzähnen zum Opfer gefallen sind und somit zur zufälligen „Sekundärbeute" wurden (siehe auch unten).

Die Fallen von *Nepenthes* weisen eine besondere „Architektur" auf. Jede neue Falle steht in einem bestimmten Winkel zu der vorhergehenden. Damit wird der größtmögliche Fangbereich geschaffen. Das Zusammenleben von verschiedensten Lebewesen und *Nepenthes* ist vielschichtig und wird von den Wissenschaftlern als *Phytotelm* bezeichnet. In der Tat findet man eine ganze Reihe von Mikro-Organismen, Einzellern, Rädertierchen, Nematoden und Insektenlarven bis hin zu Fröschen, die sich in den Kannen einen Lebensraum erobert haben. Zumindest die Bakterien, die in hohem Maße bei *Nepenthes* gefunden wurden, dürften allesamt bei der Verdauung der Beutetiere irgendeine Rolle spielen.

Unter den Untermietern der *Nepenthes*-Arten findet man auch mehrere Spinnen. Eine dieser Spinnen, *Misumenops nepenthicola*, baut ihr Netz ungefähr auf halber Kannenhöhe. Sie raubt so

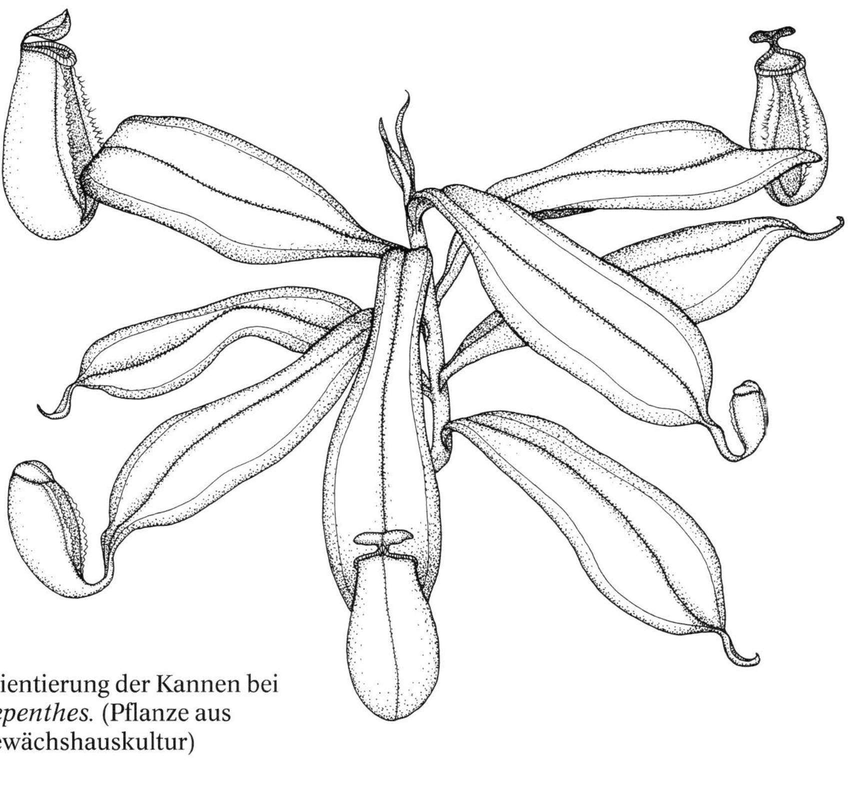

Orientierung der Kannen bei *Nepenthes.* (Pflanze aus Gewächshauskultur)

die Beute der Pflanze. Die Spinnenarten besiedeln aber nur die *Nepenthes*-Arten die eine verdauungsfreie Zone haben, die zumindest breit genug ist, um eine sichere Eiablage zu gewährleisten. Dies deutet darauf hin, daß auch die Insekten, die in den Kannen der karnivoren Pflanzen leben, keinen besonderen Schutz (außer ihrer Vorsicht) gegen deren karnivoren Eigenschaften aufweisen. In Sabah werden die verschiedensten *Nepenthes*-Arten von der kleinen Primatenart *Tarsius spectrum* aufgesucht. Der Affe pirscht sich an den Rand des Peristoms heran und raubt die gefangenen Insekten. Ein solcher Besuch kann bei *Nepenthes bicalcarata*, die sich auf den Fang von Spinnentieren spezialisiert hat und nur Bodenkannen aufweist – die für die kleinen Affen gut zugänglich sind –, sehr lohnend sein. Das Peristom aber ist, wie wir bereits besprochen haben, mit zwei scharfen Dornen bewaffnet und so endet der Besuch für ein allzu unvorsichtiges Tier manchmal tödlich. Es ist nicht von der Hand zu weisen, daß die Ausbildung der Dornen im Zuge der Evolution als Verteidigungsmechanismus gegen Futterraub anzusehen ist.

Nepenthes ist aber auch eine Blütenpflanze. Die Blüten sind klein, grünlich bis rötlich gefärbt. Sie werden in Gruppen am Ende der Stämme gebildet und stehen gegenüber den Blättern. Die Blütenzahl variiert von 15 bis zu mehreren Hundert. Die Gattung ist durch eingeschlechtliche Blüten charakterisiert. Die Bestäubungsvorgänge bei *Nepenthes* sind jedoch weitgehendst unbekannt. Die Blütezeit erstreckt sich im allgemeinen über die Monate März bis September. Die Blüten (zumindest in Kultur) locken Unmengen Insekten an. Für die menschliche Nase ist der Geruch der männlichen Blüten höchst unangenehm. Die Sepalen, zumindest der malaysischen Arten, weisen Nektarien auf. Einiges deutet darauf hin, daß viele dieser Arten durch nachtaktive Insekten bestäubt werden. Die Saat entwickelt sich innerhalb 8 Wochen.

Nepenthes alata; deutlich sichtbar der schmale Rand der Kannenöffnung

Ausgewählte Arten

Nepenthes alata

Verbreitung: Philippinen (Hochland).

Merkmale: Die Kannen sind bis zu 20 cm lang und bis 3 cm breit. Unterseitig verzeichnen sie zwei wenig entwickelte, gezähnte Flügelleisten. Der Rand der Kannenöffnung ist schmal. Die Kannen sind in der oberen Hälfte fast zylin-

drisch, unten bauchig ausgeweitet. Kanne und Deckel sind hellgrün, manchmal rot gefleckt. Der Kannenrand ist in der Regel lichtgrün und manchmal auch rot gefleckt. Unter dem Deckel befindet sich ein drüsiger Kamm.

Nepenthes albomarginata

Verbreitung: Malaiischer Archipel (Tiefland).

Merkmale: Die zylindrischen Kannen sind mattgrün und braunrot gefleckt. Der Kannenrand ist weiß behaart. Die zwei Flügel sind bewimpert. Unterhalb des Kannenrandes befindet sich ein breites, samtartiges, weißes Band.

Nepenthes ampullaria

Verbreitung: Malaiischer Archipel (Tiefland).

Merkmale: Die Besonderheit der Art ist die Bildung von grundständigen Rosetten aus kleinen weißlich bis rosa gefärbten Blättern. Die Kannen sind bis zu 11 cm lang, vorn deutlich geflügelt und tonnenförmig; ihre grüne Grundfarbe wird durch hellbraune Flecken aufgelockert. Der länglich eiförmige Deckel ist sehr klein und vollständig zurückgebogen. Die gedrungenen Kannen erinnern an kleine Ampullen, daher die Namensgebung.

Nepenthes ampullaria
Bodenkanne

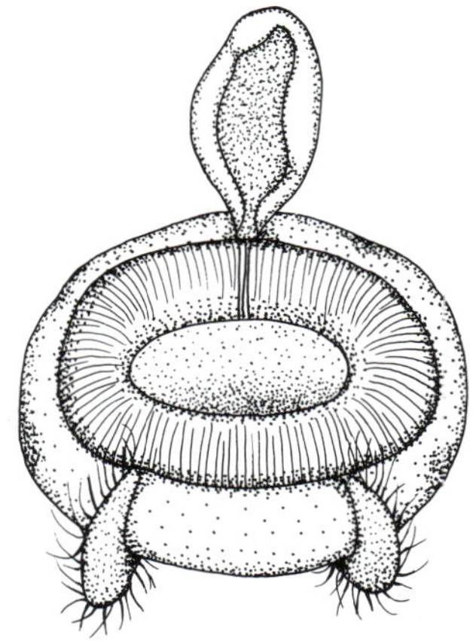

Nepenthes ampullaria; die oberen Kannen sind, wie hier im Vergleich zur Zeichnung deutlich sichtbar, erheblich schlanker, ohne dabei die typische Tonnenform zu verlieren

Nepenthes albomarginata auf dem malaiischen Archipel

Nepenthes bicalcarata

Verbreitung: Borneo (Tiefland).

Merkmale: Wie bereits besprochen, ist dies eine der Arten mit „bewaffneter" runder Öffnung. Die unteren Kannen sind bis zu 10 cm lang, tonnenförmig mit bauchiger Basis. Die zwei Flügelleisten sind gefranst. Die Basis des Deckels ist mit zwei scharfen Dornen versehen; der Deckel selbst nierenförmig. Die oberen Kannen sind mit einer Länge von bis zu 13 cm meist etwas größer als die Bodenkannen. Sie sind trichterförmig mit zwei deutlichen Rippen, die die Flügel ersetzen. Ansonsten unterscheiden sie sich von den unteren Kannen nicht. Die Kanne und der Deckel sind jeweils hell- bis mittelgrün und rostrot bis braunrot überhaucht.

Nepenthes bongso

Verbreitung: Sumatra (Hochland).

Merkmale: Die Kannen sind ohne Flügel und auch nicht bewimpert. Sie sind bis zu 11 cm lang (somit mittelgroß) und trichterförmig. Ihr Rand ist ausgebaucht. Die Öffnung der Kannen, mit eng zusammenstehenden Lamellen, ist pomeranzengelb; die Kannen selbst grün, mit hellen braunen Flecken. Eine sehr ansprechende Art.

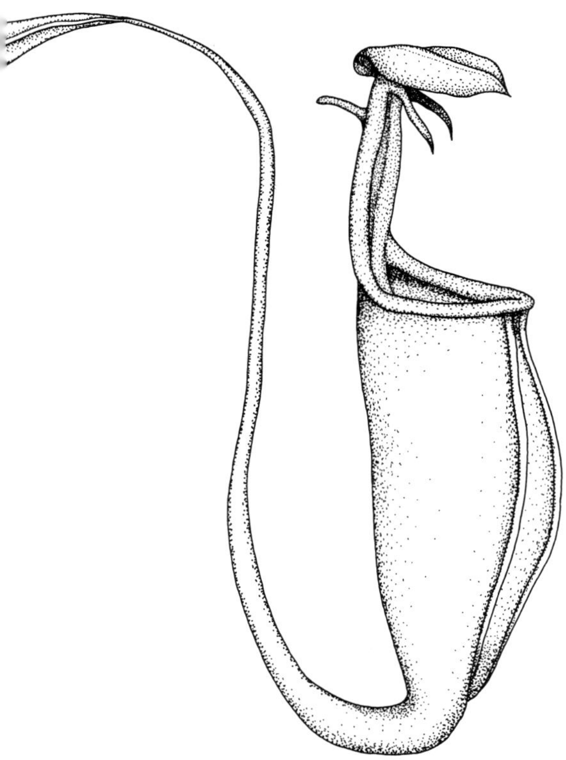

Nepenthes bicalcarata
obere Kanne (vergrößert)

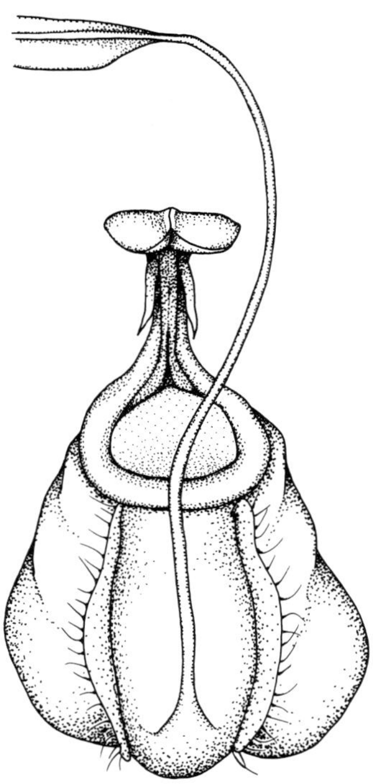

Nepenthes bicalcarata
untere Kanne (vergrößert)

Nepenthes boschiana

Verbreitung: Borneo (Hochland).

Merkmale: Die Kannen mit leicht schräg verlaufendem Rand sind zylindrisch mit bauchiger Basis und grün. Im juvenilen Stadium sind sie vorne geflügelt. Die Deckel sind mehr oder weniger rund und außen flaumig behaart.

Nepenthes distillatoria

Verbreitung: Sri Lanka (Hochland).

Merkmale: Die röhrenförmigen Kannen sind bis zu 12 cm lang und 2 bis 4 cm breit; im unteren Teil bauchig, mit schrägem, eng geringeltem Rand. Ihre Farbe variiert von grün bis braunrot. Der Kannendeckel ist rund. Die Flügel werden nach oben hin schmaler.

Nepenthes edwardsiana

Verbreitung: Borneo (Hochland).

Merkmale: Die Kannen sind bis zu 40 cm lang. Sie sind zylinderförmig und weder geflügelt noch bewimpert. Die Öffnung ist sehr schräg und mit breiten, diskusartigen, abstehenden Lamellen berandet. Der Kannenhals ist verlängert, die Kannenbasis hingegen bauchig. Der Deckel ist herzförmig.

Nepenthes eustachys

Verbreitung: Sumatra (Hochland).

Merkmale: Die mittelgroßen Kannen sind schwach gekielt und bis zum Rand beflügelt, röhrenförmig, oben trichterförmig. Der Deckel ist rund bis herzförmig.

Kanne von *Nepenthes gracilis* (Bild links)
Kanne von *Nepenthes khasiana*; typisch der rot überhauchte Deckel (Bild rechts)

Nepenthes gracilis

Verbreitung: Borneo, Malacca, Sumatra (Tiefland).

Merkmale: Die Kannen dieser Art sind denen der *Nepenthes alata* sehr ähnlich, mit dem einzigen Unterschied, daß sie keinen drüsigen Kamm unter dem Deckel tragen. Die unteren Kannen sind bis zu 7,5 cm lang und hellgrün mit dunkelroten Flecken, einem hellgrünen Kragen und dunkelrotem Deckel. Die oberen Kannen sind bis zu 15 cm lang, dunkelrot bis rötlich braun. Der Deckel ist ähnlich gefärbt, mit grünem oder bräunlich rotem Rand. Das Kanneninnere bietet mit seiner weißen bis rosaweißen Färbung einen deutlichen Kontrast.

Nepenthes x hookeriana

Verbreitung: Borneo, Sumatra und Malaysia (Tiefland).

Merkmale: Die Naturhybride ist zwischen *Nepenthes ampullaria* und *Nepenthes rafflesiana* einzuordnen. Die Kannenform weist Merkmale beider Parentalarten auf. Die weite, elliptische Öffnung erinnert an *Nepenthes ampullaria*, während die gesamte Kannenform deutliche Merkmale von *Nepenthes rafflesiana* aufweist. Die Kannen sind hellgrün mit rötlichen Flecken. Der Rand ist meist grün. Eine typische intermediäre Form.

Nepenthes khasiana

Verbreitung: Indien (Hochland).

Merkmale: Sie ist die einzige *Nepenthes*-Art Indiens. Die bis zu 20 cm langen und bis zu 3 cm breiten Kannen sind zylindrisch, leicht bauchig, hellgrün, rot gefleckt mit schmalen, bewimperten Flügelleisten. Der Deckel ist rot überhaucht.

Kanne von *Nepenthes x hookeriana*. Diese Naturhybride von *N. ampullaria* und *N. rafflesiana* ist eine prächtige, relativ einfach zu kultivierende Pflanze

Nepenthes lowii

Verbreitung: Borneo (Hochland).

Merkmale: Die großen Kannen sind deutlich gekrümmt, an der Basis nach außen gewölbt, zur Mitte hin stark verengt. Im allgemeinen haben die Kannen eine grüne Farbe, manchmal sind sie jedoch auch rotbraun überzogen. Die Öffnung ist trichterförmig verbreitert und kreisrund. Der gewölbte, herzförmige Deckel steht aufrecht oder ist leicht nach hinten gebogen.

Nepenthes madagascariensis

Verbreitung: Madagaskar (Hochland).

Merkmale: Die Kannen dieser Art sind rotbraun. Sie haben keinerlei geflügelte Nerven und sind trichterförmig; der obere Kannenteil ist mehr oder weniger bauchig. Der Öffnungsrand besteht aus breiten, schräg gestreiften Ringen. Der Deckel ist nierenförmig bis rund.

Nepenthes lowii am Naturstandort auf Borneo. Deutlich sichtbar die spezifisch gekrümmte Form der Kannen und die kreisrunde Trichteröffnung

Nepenthes maxima

Verbreitung: Borneo, Celebes, Neuguinea (Hochland).

Merkmale: Die großen Kannen (bis zu 20 cm lang) sind zylindrisch mit bauchiger Basis und sehr großen Flügelleisten. Der Deckel ist innenseitig mit einem Dorn versehen und zeigt an der Basis einen kammartigen Auswuchs. Der Öffnungsrand ist zackig, glänzend braunrot. Die Kanne ist prächtig karmesin purpurrot und grünlichweiß marmoriert. Der Deckel ist purpurn und nur leicht weiß durchsetzt. Der Rand ist hellgrün, seitlich purpurn überhaucht. Die unteren Kannen sind bauchig. Die Luftkannen sind schlanker und weniger intensiv gefleckt.

Nepenthes melamphora

Verbreitung: Java (Tiefland).

Merkmale: Die mittelgroßen Kannen haben eine schräge Öffnung. Die Kannen sind eiförmig mit bauchiger Basis. Vorne befinden sich zwei bewimperte Flügel. Die oberen Kannen sind zylindrisch, im oberen Teil trichterförmig. Der Rand besteht aus eng stehenden Ringen. Der Deckel ist herzförmig bis fast rund.

Nepenthes mirabilis

Verbreitung: Indochina, südliches China, malaiische Halbinsel, Sundainseln bis Neuguinea und Australien (Tiefland).

Merkmale: Die Art ist von allen Kannenpflanzen mit Abstand diejenige, die am weitesten verbreitet ist. Die röhrenförmigen Kannen

Nepenthes maxima mit ihrem glänzend roten, zackigen Trichterrand

Nepenthes mirabilis, die am weitesten verbreitete Kannenpflanze

sind bis zu 10 cm lang und an der Vorderseite mit zwei bewimperten Nerven versehen, etwas ausgebaucht. Die Öffnung besteht aus engen Ringen. Der Deckel ist breit eiförmig.

Nepenthes northiana

Verbreitung: Borneo (Tiefland).

Merkmale: Die Kannen sind bis zu 35 cm lang und 3 bis 10 cm breit. Die länglich ovale Öffnung ist von einem breit abstehenden welligen Rand umgeben. Die Kanne ist bauchseitig mit zwei bewimperten Flügeln versehen. Die unteren Kannen sind deutlich bauchig, die oberen schlank und gebogen. Die Basisfarbe ist grün, die Befleckung dunkelrot.

Nepenthes rafflesiana

Verbreitung: Borneo, Malacca, Sumatra (Tiefland).

Merkmale: Die Kannen sind an der Vorderseite geflügelt und bewimpert und weisen eine charakteristische Form auf: Sie sind bis zu 30 cm lang und 7 bis 12 cm breit, zylindrisch mit sehr schrägem Rand, unbehaart. Die Lamellen der Öffnungsumrandung stehen sehr eng zusammen. Die oberen Kannen sind am größten, füllhornartig. Die Flügelleisten dieser Luftkannen sind reduziert, purpurn gefleckt. Die Jugendkannen (untere Kannen) sind etwas kleiner und haben an der Vorderseite ihrer bauchigen Basis zwei bewimperte Flügelleisten. Der Deckel ist eirund. Die Kanneninnenseite ist bläulich, rot gefleckt (Abb. s. S. 116).

Nepenthes rajah

Verbreitung: Borneo (Hochland).

Merkmale: Diese, für Borneo endemische Art, zeigt die größten Kannen der Gattung. Sie sind bis zu 40 cm lang und bis zu 18 cm breit. Sie sind kesselpaukenförmig mit zwei bewimperten Flügeln und deutlicher Behaarung. Die tiefrote Kannenmündung verläuft sehr schräg und ist dicht geringelt. Der ovale Deckel ist ungewöhnlich groß. Die oberen Kannen weisen eine ausgeprägtere Trichterform auf als die unteren. Alle Kannen sind scharlachrot bis purpurn.

Nepenthes reinwardtiana

Verbreitung: Malaiisches Archipel (Tiefland).

Merkmale: Die Kannen sind mittelgroß; die unteren röhrenförmig, die oberen trichterförmig mit nicht bauchiger Basis. Der Deckel ist oval.

Nepenthes sanguinea

Verbreitung: Malacca (Hochland).

Merkmale: Die tiefroten bis grünlichen Kannen haben Flügelleisten. Sie sind bis zu 35 cm lang und bis zu 20 cm breit. Ihre Öffnung ist oval mit breitem, welligem Rand. Die unteren Kannen sind bauchförmig.

Nepenthes sanguinea; sehr gut erkennbar: die Flügelleiste

Nepenthes stenophylla

Verbreitung: Borneo (Hochland).

Merkmale: Die Kannen werden bis zu 25 cm lang, aber nur bis zu 1,5 cm breit. Unterseitig sind sie mit zwei tief eingeschnittenen Flügeln versehen, die bis zur halben Kannenhöhe hinablaufen. Die Öffnung ist schmalrandig, schief, der Deckel sehr klein. Die Kannen sind grün und rötlich befleckt.

Nepenthes teysmanniana

Verbreitung: Sumatra (Tiefland).

Merkmale: Die Kannen sind ohne Flügel, stark gekielt, röhrenförmig, unten bauchig, grün mit weiß oder rot gefärbtem Rand. Der Deckel ist rund bis leicht herzförmig.

Nepenthes trichocarpa

Verbreitung: Sumatra (Tiefland).

Merkmale: Die mittelgroßen Kannen sind elliptisch, trichterförmig, grün. Der Deckel ist breit eiförmig, stumpf.

Nepenthes veitchii

Verbreitung: Borneo (Hochland).

Merkmale: Die Kannen sind bis zu 30 cm lang und bis zu 8 cm breit, an der Vorderseite geflügelt und mit Wimpern versehen, zylindrisch. Die Öffnung verläuft schräg. Die Kannen sind gelblichgrün, braunrot gefleckt und haben eine leichte, rostfarbene Behaarung. Die Randlamellen sind kiemenartig. Die Kannenbasis ist bauchig. Die breite Öffnung überragt ein herzförmiger bis ovaler Deckel.

Nepenthes ventricosa

Verbreitung: Philippinen (Hochland).

Merkmale: Die Kannen sind grün, manchmal rötlich überhaucht; in der Mitte eingeschnürt, im unteren Teil leicht bauchig; sie werden bis zu 15 cm lang. Die Öffnung ist oval, der Rand stark gerippt, leuchtend braun.

Nepenthes villosa

Verbreitung: Borneo (Hochland).

Merkmale: Obwohl dies möglicherweise eine Altersform von *Nepenthes edwardsiana* ist, wird die Pflanze doch von den meisten Autoren als gesonderte Art geführt. Die Kannen sind an der Vorderseite geflügelt und bewimpert. Sie sind groß, mehr oder weniger

Nepenthes veitchii; Kanne mit herzförmigem Deckel; in der Detailaufnahme treten die kiemenförmigen Randlamellen deutlich hervor

Nepenthes ventricosa; statt der Grünfärbung können die Kannen auch leichte Rottöne aufweisen

zylindrisch mit einer schrägen Öffnung und stark behaart. Die Lamellen des Randes stehen weit auseinander. Die grüne Grundfarbe der Kannen weist purpurne Flecken auf.

Kultur

Kulturraum: Je nach Herkunft temperiertes oder warmes Gewächshaus (siehe Seite 105).

Substrat: Eine lockere Mischung aus Rinde, Perlite, Sand, Ton und Torf. Der Torfanteil muß so gering sein, daß das Substrat nur leicht sauer ist (pH-Wert 6,2 bis 6,5). Auf keinen Fall darf Staunässe entstehen.

Hydrokultur von bestimmten *Nepenthes*-Arten soll möglich sein. Diese Art der Kultur ist aber unnatürlich und die Hydrokulturvorrichtungen stören in einem gut geführten Gewächshaus. Auf jeden Fall sollte man *Nepenthes* hängend kultivieren. Am besten eignen sich Draht- oder Holzkörbe.

Düngung: Während der Sommermonate ist eine leichte Düngung des Substrates und/oder eine Blattdüngung über das Gießwasser angebracht.

Licht und Temperaturen: Die *Nepenthes*-Arten vertragen keine pralle Sonne und sollten deshalb immer beschattet sein. Trotzdem brauchen die Pflanzen viel Licht. Der beste Standort für diese Pflanzen ist daher in unmittelbarer Nähe der Gewächshausverglasung. Tieflandformen sollten ganzjährig bei 20 bis 30 °C gehalten werden. Bei Hochlandformen bedarf es einer deutlichen Nachtabsenkung bis 15 °C (siehe auch Anhang).

Wasser und Luftfeuchtigkeit: Die relative Luftfeuchte sollte konstant bei 80 % gehalten werden. Da die meisten Arten aus regenreichen Gebieten kommen, muß während der Wachstumsphase ausreichend gewässert werden. Das Wasser sollte – unabhängig davon, ob es zum Gießen oder zum Luftbefeuchten verwendet wird – kalkfrei sein. Man verwendet entweder gesammeltes Regenwasser oder abgekochtes Wasser, das nach dem Abkühlen abgegossen wird. Natürlich kann man geeignetes Wasser auch über eine Ionenaustauschanlage gewinnen. Dieses Verfahren ist jedoch ziemlich aufwendig und kostenintensiv. Bei zu niedriger Luftfeuchte verkümmern die Kannen.

Nepenthes durchlebt keine eindeutige Ruhezeit und sollte daher das ganze Jahr hindurch gleichmäßig kultiviert werden.

Vermehrung: Die Saatvermehrung von *Nepenthes*-Arten klappt recht gut. Allerdings ist zu beachten, daß nur frische Samen eine gute Keimfähigkeit aufweisen. Auch die Vermehrung über Blattstecklinge ist sehr erfolgreich. Allerdings ist hier zu beachten, daß die Stecklinge mindestens 2 Blattgründe aufzuweisen haben. Nachdem sie in ein lockeres, nährstoffarmes Substrat gebracht wurden, werden sie abgedeckt, so daß die Luftfeuchte extrem hoch bleibt.

Sarracenia (Das Trompetenblatt)

Die älteste bekannte Beschreibung der Gattung findet sich bei Clusius (eigentlich Charles de l'Escluse [1526-1609]), der 1601 eine Pflanze abbildete, die als *Sarracenia* deutlich zu erkennen ist. Die ersten lebenden Pflanzen wurden von John Tradescant (Junior [1608-1662]) von Nordamerika nach England verschickt. Diese Pflanzen haben aber anscheinend nicht lange überlebt, denn die erste verbriefte Blüte einer *Sarracenia*-Art in Europa ist datiert vom Jahr 1773. Der Gattungsname wurde zu Ehren von Dr. M. S. Sarrazin vergeben, der kurz nach Tradescant lebendes Pflanzenmaterial von der kanadischen Provinz Quebec aus

nach Europa sandte. Die insektenfangenden und -verdauenden Eigenschaften der Pflanzen wurden aber erst später erkannt.
Als Catesby (1737-1754) entdeckte, daß die Kannen oft voller Insekten waren, vermutete man zunächst, daß es sich um Nahrungsreserven für bestimmte Froscharten handeln könnte. Ein weiterer Beobachter namens P. Collinson (1694-1768) schrieb 1765 in einem Brief an Linné: „... viele unglückliche Insekten lassen ihr Leben, indem sie in diesen Wasserzisternen ertrinken ...“. Erst William Bartram (1739-1823) klärte 1791, daß *Sarracenia* die Insekten sowohl fängt als auch tötet und anschließend in „irgendwelcher Form“ zu verdauen versteht.

Verbreitung: Die Gattung *Sarracenia* besiedelt ein breites Gebiet entlang der Ostküste Nordamerikas. Das Heimatareal von *Sarracenia purpurea* erstreckt sich im Norden sogar bis nach Labrador, schließt also den arktischen Bereich ein. Nach Westen reicht das Verbreitungsgebiet bis zu den nordöstlichen Gegenden von British Columbia. Im Süden findet man etwas unerwartet ein isoliertes Areal im mittleren Osten des amerikanischen Bundesstaates Georgia.

Die Pflanzen besiedeln bevorzugt deutlich saure Böden, nur einzelne Populationen von *Sarracenia purpurea* sind auch auf leicht alkalischem Grund zu finden. Auf jeden Fall sind die Böden nährstoffarm, wobei vor allem die Nitrate und Phosphate fehlen. Die Pflanzen sind kaum wettbewerbsfähig; Schatten vertragen sie im allgemeinen kaum. In anderen Extremsituationen erweisen sie sich dagegen als äußerst widerstandsfähig: *Sarracenia*-Populationen können Flächenbrände überstehen. Auch wenn alle oberirdischen Organe vollständig verbrannt sind, regenerieren sich die Pflanzen langsam aber sicher. Dies wird möglicherweise auch dadurch unterstützt, daß die *Sarracenia* spp. nach einem Brand keinerlei Konkurrenten haben, sicherlich aber auch durch die brandbedingte Nährstoffanreicherung des Bodens.

Sehr oft findet man mehrere *Sarracenia*-Arten an einem Standort. Da die verschiedenen Arten unterschiedliche Anlocksymptome haben, sich also die vorhandene Insektenbeute aufteilen können, entsteht kein Konkurrenzdruck. Daß höchstens einige wenige Insekten mehr als eine *Sarracenia*-Art besuchen, zeigt sich auch in der Seltenheit von Naturhybriden.

Merkmale: Die gesamte äußere Wand des *Sarracenia*-Schlauches ist von Nektardrüsen übersät und hat eine rauhe und haarige Konsistenz. Es wird angenommen, daß diese äußeren Drüsen für die Beuteanlockung verantwortlich sind. Wie sie die Insekten zur Schlauchöffnung führen, ist allerdings bisher unbekannt.

Die innere Schlauchoberfläche läßt sich in 5 unterschiedliche Bereiche gliedern (siehe S. 80). Zone 1 besteht aus dem oberen Lappen oder Deckel. Der Rand dieses Lappens ist behaart. Die Haare sind lang, leicht gebogen und nach unten gerichtet. Weitere Merkmale dieser Zone sind eine Vielzahl von Nektarien und auffälligen Farbspielen, die durch die Brechung von UV-

Sarracenia flava: eine üppige Kulturpopulation

Strahlen entstehen. Diese Zone ist eindeutig die Hauptattraktion der Pflanze. Die darunterliegende Zone 2 hat noch mehr Nektardrüsen zu verzeichnen. Sie weist die gleiche Behaarung auf wie die erste Zone, aber kein auffallendes Farbspiel. Folglich trägt dieser zweite Bereich zwar noch zur Anlockung der potentiellen Beute bei, ist aber hauptsächlich für die „Beutesicherung“ verantwortlich: Die Insekten werden hier festgehalten und in die Tiefe des Schlauchs dirigiert. Unter normalen Umständen ist die Zone ganz mit Fangschleim benetzt, was ein Entkommen der Beute sehr schwierig macht.

Bei Zone 3 handelt es sich um einen reinen Drüsenbereich. Der Übergang zwischen diesem und dem vorhergehenden Bereich ist abrupt. Die Epidermis ist vollständig mit einem wachsartigen Überzug versehen und sehr glatt. Es gibt bis zu 20 Drüsen pro mm^2. Ebenfalls abrupt erfolgt der Übergang von Zone 3 zu der etwas tiefer liegenden Zone 4, der Verdauungszone: Die Epidermis wird flach; die Schlauchoberfläche ist in diesem Bereich wieder mit langen Haaren besetzt. Normalerweise reicht das Wasser in den *Sarracenia*-Schläuchen bis zu diesem Bereich: Die langen Haare hindern die Insekten daran, aus dem Wasser über die Seitenwände zu fliehen.

Der unterste Bereich, die Zone 5, ist relativ schmal, mit einer glatten und glänzenden Oberfläche. Er weist weder Behaarung noch Drüsen auf. Auf das Zusammenspiel von Pigmentierung und Lichtbrechung wurde bereits kurz hingewiesen. Es muß hier deshalb nur noch angemerkt werden, daß die Färbung vieler Fallen erst dann erkennbar wird, wenn die Pflanze das Reifestadium erreicht hat, in dem sie Insekten verwerten kann. Während der Entwicklung ist die Fangfähigkeit sehr niedrig und auch nach einem Stadium erhöhter Fangaktivität verlieren die einzelnen Schläuche ihre Attraktivität für Insekten wieder. Die Nektarien vertrocknen und die Farben der Schläuche verblassen.

Obwohl bisher kein direkter Beweis dafür geliefert wurde, daß *Sarracenia* ihre potentielle Beute auch durch Duftstoffe anlockt, so ist doch gesichert, daß manche *Sarracenia*-Arten Duftstoffe erzeugen. Bei *Sarracenia flava* wurde zum einen ein Duftstoff gefunden der Motten anlockt, und zum anderen ein Duftstoff den man von Magnolienblüten kennt.

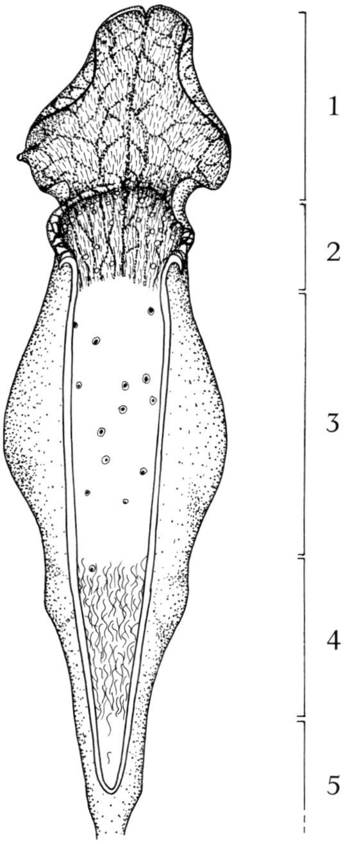

Sarracenia
(Erklärung der Zonen siehe Text)

Besonders interessant ist bei den *Sarracenia*-Pflanzen das Zusammenleben der einzelnen Arten mit einer Reihe von Tieren.

Der Schlauch von *Sarracenia* ist hoch entwickelt. Er trocknet nur sehr selten aus. Dies ist sowohl auf seine Form als auch auf den schattigen Standort von *Sarracenia*-Arten zurückzuführen. Außerdem versteht es die Pflanze, trotz der vielen „Bewohner“, den Sauerstoffgehalt des Zisternenwassers relativ hoch zu halten. Die Schläuche der *Sarracenia*-Pflanzen werden von mehreren Moskito-Arten als Brutreservoir genutzt. Die wohl bekannteste dieser Mückenarten ist *Wyeomyia smithii*, welche nicht nur *Sarracenia purpurea*, sondern auch *S. flava*, *S. leucophylla*, *S. rubra*, *S. alata* und die verschiedensten Naturhybriden aufsucht. Larven der Mücke, die in den festgefrorenen Eiszapfen von kanadischen *Sarracenia purpurea*-Pflanzen eingeschlossen waren, schlüpften im darauffolgenden Frühjahr normal aus.

Viele andere Tiere sind in der Lage, die Gefahren der *Sarracenia*-Schläuche zu umgehen. Zu dieser Gruppe gehören Nematoden, Spinnen, Schnecken, Nacktschnecken und Frösche. Das gelegentliche Auffinden eines Froschskeletts in einem *Sarracenia*-Schlauch beweist aber, daß die „Umgehungskünste“ sich nicht immer als erfolgreich erweisen. Die Larven von *Blaesoxipha fletcheri*, einer Fliege der Gattung *Sarco-*

phaga, sind in der Lage, die Verdauungsenzyme der Pflanzen durch Anti-Enzyme zu neutralisieren. Sie leben von den Insektenleichen auf der Wasseroberfläche. Der Erfolg dieses Systems wird dadurch belegt, daß die von *Sarracenia minor* erbeuteten Insekten zu 50 % von den Fliegenlarven geraubt werden. Die Schläuche sind so voll mit Larven, daß sie von den heimischen Anglern aufgeschnitten werden, wenn sie Köder brauchen.

Einige Schläuche werden von einer eigenartigen Grasschneiderwespe bewohnt. Dieses Insekt baut ein „Appartment" aus aufeinanderliegenden Graslagen und Ei-Ablage-Kammern, in dem es als Futter für die Larven gelähmte Heuschrecken hinterlegt.

Die größte Gefahr für die Pflanzen geht aber von einer kleinen gelbschwarzen Motte aus, die den schönen Namen *Exyra* trägt. Es gibt drei Arten dieser Gattung, die die *Sarracenia*-Pflanzen der unterschiedlichen Regionen heimsuchen. Die ausgewachsene Motte hat die Fähigkeit entwickelt, sich frei über die glatte, wachsartige Innenwand der Pflanzen zu bewegen. Tiere, die aus einem *Sarracenia*-Schlauch entnommen und freigesetzt werden, suchen sofort eine andere *Sarracenia*-Pflanze auf. Das Weibchen legt ein einziges Ei pro Schlauch ab. Die Larve bildet ein dichtes Netz direkt unter der Schlauchöffnung und verhindert somit jeglichen weiteren Insektenfang durch die Pflanze. Nach dem Netzbau fängt die Larve an von den Zellwänden der Pflanze zu nagen. Sehr schnell knickt der trockene, papierartige obere Teil der Pflanze und verschließt die Schlauchöffnung. Die Gefahr eines Wassereinbruches bei Regen ist damit weitgehend gebannt. Auch andere Störungen werden dadurch ausgeschlossen. Der Pflanzenschlauch wird zur privaten „Kinderstube". Die braunen umgeknickten Schlauchenden sind ein deutlicher Hinweis auf die „Fehlbelegung" der Pflanze. Teilweise sind ganze Populationen befallen. Bevor die Verpuppung der Larve beginnt, beißt diese zwei Löcher in den unteren Teil des Schlauches. Das obere Loch wird später als Fluchtweg für das entwickelte Fluginsekt genutzt, was lebenswichtig ist, da Motten keine Mundschneidewerkzeuge haben. Das untere Loch ist eine Drainage als Sicherheitsvorkehrung gegen einen möglichen Wassereinbruch.

Aber auch diese raffinierte Anpassung ist nicht ohne Gefahren. Einige Vögel haben nämlich gelernt, daß das Auftreten von Löchern in *Sarracenia*-Schläuchen darauf hindeutet, daß dort schmackhafte Larven oder Puppen zu finden sind, und die von den Schnabelschlägen hinterlassenen Spuren an *Sarracenia*-Pflanzen zeigen, daß viele der Mottengelege wohl kaum die Flugreife erreichen.

Arten

Sarracenia alata (Syn. *S. sledgei*)

Verbreitung: USA (Texas, Louisiana, Missisippi, Alabama).

Merkmale: *Sarracenia alata* ist die einzige *Sarracenia*-Art, die in Texas vorkommt. Sie ist aber nicht nur dort heimisch (wie manchmal zu lesen ist), sondern auch in den Bundesstaaten Alabama, Louisiana und Missisippi verbreitet, und zwar in den östlichen Ebenen. Diese Art wurde und wird oft mit *Sarracenia flava* verwechselt. Die Unterschiede sind aber gravierend. *Sarracenia alata* bildet niemals Phyllodien aus, jene „Winterblätter", die *Sarracenia flava* ein Überleben in der kälteren Jahreszeit garantieren. Ferner gibt es sowohl bei den Blüten als auch bei den Schlauchblättern eindeutige Unterschiede.

Die Schlauchblätter sind bis zu 65 cm hoch und verdicken sich, anders als bei *Sarracenia flava*, unter der Schlauchmündung nicht glockenförmig. Die vordere Tülle ist sehr klein. Der Deckelhals ist kürzer und breiter und die Ränder sind nicht zurückgebogen. Der Deckel überdacht die Mündung in einem spitzen Winkel, manchmal sogar fast horizontal.

Die Blüte ist das einfachste Unterscheidungsmerkmal. Die fahlgelbe bis cremegelbe Färbung der Kronblätter ist unverkennbar. Abgesehen davon sind die Kronblätter bei *Sarracenia alata* oval, bei *Sarracenia flava* linealisch.

Sarracenia flava

Verbreitung: USA (Virginia, Carolina, Georgia, Florida, Alabama).

Merkmale: Die Schläuche sind aufrecht und erreichen normalerweise eine Länge zwischen 45 bis 90 cm. Die Flügelleiste ist sehr schmal, kaum mehr als 3 mm breit. Der Nektarkragen ist fast waagerecht, nur die vordere Spitze ist tüllenartig ausgezogen. Der Dek-

Sarracenia flava; blühende Population

kelhals steht ziemlich aufrecht und weist zurückgebogene Ränder auf. In der Mitte des Deckelhalses verläuft eine deutliche Rille. Der eigentliche Deckel ist rundlich, größer als die Schlauchöffnung und nach vorne gebogen. Die Deckelränder sind zurückgebogen. Einzelne Pflanzen von *Sarracenia flava* können beträchtliche Unterschiede aufweisen: Die Abweichungen zeigen sich vor allem in der Wuchsform und Färbung der Schlauchblätter. Der obere Teil des Schlauchblattes ist aber immer „glockenförmig" verdickt. Die Farbe wechselt von blaßgrün bis gelblichgrün oder goldgelb. Der Deckelhals ist oft dunkelrot überhaucht und zeigt einige kurze, rote Adern. Manchmal sind die Deckelaußenseite und die äußere Epidermis des oberen Teils des Schlauchblattes kupferrot überzogen. Andere Varianten fallen durch eine kastanienbraune Marmorierung auf. Die Marmorierung kann so intensiv sein, daß die braune Farbtönung vorherrscht.
Die Ausbildung der Schlauchblätter ist meistens im Spätsommer abgeschlossen.

Die Blüten stehen terminal auf sehr hohen Blütentrieben. Sie sind gelb, wobei die Kelchblätter einen tieferen Farbton haben als die Kronblätter. Der Griffel ist lichtgrün. Je nach Größe der Art (geographisch bedingt) beträgt der Durchmesser der Blüten 5 oder auch bis zu 10 cm. Die Blüten öffnen sich lange bevor die Fangschläuche ausgewachsen sind. So wird sichergestellt, daß die potentiellen Bestäuber nicht gefährdet werden.

Kanne von *Sarracenia flava*

Sarracenia leucophylla (Syn. *S. drummondii)*

Verbreitung: USA (Florida, Georgia, Missisippi).

Merkmale: Die Schläuche sind bis 75 cm hoch, schlank und stehen aufrecht. Diese Art kann aber auch 90 cm große Blätter ausbilden. Die Flügelleiste ist schwach entwickelt. Der Nektarkragen bildet, wie bei *Sarracenia flava*, vorne eine kleine Tülle.

Die Grundfarbe der Schlauchblätter ist normalerweise ein pures Weiß, meist dicht mit grünbraunen bisweilen auch karmesinroten Adern durchzogen. Die Intensität der Beaderung ist extrem verschieden, auch fast einfarbige Typen sind bereits bekannt. Der Deckel steht in einem Winkel von etwa 45 ° über der Öffnung.

Rotgeäderte Kanne von *Sarracenia leucophylla*

Die Blüten verbreiten einen süßen Duft. Sie stehen am Ende von langen Infloreszenzen, die die Schlauchblätter überragen. Die Blüten und die neuen Schläuche öffnen sich oft gleichzeitig. Die Kronblätter sind leuchtend rot, die Kelchblätter rot bis mahagonifarben. Der Griffel ist kupferfarben.

Sarracenia minor

Verbreitung: USA (Südliches Nordcarolina, Georgia, Florida).

Merkmale: Die Pflanzen wachsen bevorzugt an feuchten Standorten, die aber nicht dauernaß sein dürfen. Trotzdem kommt die Art auch in einer *Sphagnum*-Vegetation im Okefenokee-Sumpf vor und gedeiht dort offensichtlich so gut, daß die Schläuche dieser geographischen Variante zweimal so groß werden können wie die der Pflanzen an anderen Standorten.
Das erste charakteristische Merkmal der Art besteht in einem deutlich gewölbten Deckel, welcher die Schlauchmündung völlig überdacht. Er ist mit roten Adern durchzogen. Die Schlauchrückseite ist dicht mit lichtdurchlässigen, mehr oder weniger ovalen Flecken (Fenstern) besetzt. Der Schlauch ist leicht gebogen, die Mündung weist nach vorne. Die Flügelleiste ist kräftig. Durch die Sonneneinstrahlung nimmt die Außenseite des Schlauchs eine rote Färbung an. Pflanzen, die einer geringeren Sonneneinstrahlung ausgesetzt sind, bleiben außenseitig apfelgrün. Die Blüten von *Sarracenia minor* sind schwefelgelb. Sie öffnen sich häufig gleichzeitig mit den neuen Schlauchblättern. Durch die fast waagerechte Stellung des Deckels haben die Schläuche eine unverwechselbare Form. Die Falle besitzt einen raffinierten Bau: Ameisen halten die hellen Fenster in der Rückseite des Schlauches für Fluchtwege, wenn sie den Nektarkragen erreicht haben, der ihnen durch den horizontal stehenden Deckel viel Licht wegnimmt. Sie versuchen durch die hellen Fenster zu entkommen, werden aber ins Innere des Schlauches gelockt, was sich als tödlicher Irrtum erweist.

Die Fenstertechnik ist auch bei *Sarracenia psittacina* und *Darlingtonia californica* vorhanden. Beide Arten haben jedoch keinen undurchsichtigen Deckel, der die Falle erst perfekt macht.

Sarracenia minor gedeiht am besten an feuchten Standorten

Sarracenia oreophila

Verbreitung: USA (Alabama, Georgia).

Merkmale: Diese als „Grüne Schlauchpflanze" bekannte Art ist relativ selten und auf die Appalachen beschränkt, also eine Gebirgspflanze. Die Pflanzen wachsen vor allem an Flüssen und sonstigen feuchten Stellen. Die Untergrundbeschaffenheit scheint nur von sekundärer Bedeutung zu sein, denn *Sarracenia oreophila* wird sowohl auf lehmigen Sandböden als auch auf felsigem Untergrund, sowie im Sumpf-Moor-Bereich angetroffen. Die Heimatareale trocknen im Sommer fast ganz aus. Diese Bedingungen werden von keiner anderen *Sarracenia*-Art vertragen.

Oft wird *Sarracenia oreophila* als Unterart oder geographische Variante von *Sarracenia flava* betrachtet, aber die Unterschiede sind doch mannigfaltig. Die Schläuche sind kürzer als die von *Sarracenia flava*. Sie sind hellgrün, im Alter oft in Rosa übergehend. Einige Populationen zeigen ein feines Aderwerk im Deckel und im oberen Bereich des Schlauches. Die Schlauchmündung ist rundlich und es fehlt die vordere „Tülle". Der deutlichste Unterschied zu *Sarracenia flava* liegt aber im Deckel, der senkrecht steht und der Öffnung kaum Schutz bietet. Die Schlauchblätter sterben in der Natur vom Hochsommer an ab. Anschließend werden flache Blätter gebildet, die Phyllodien, die keinerlei karnivore Wirkung haben. Anhand dieser Phyllodien kann man *Sarracenia oreophila* bequem von *Sarracenia flava* unterscheiden. Bei der erstgenannten Art sind sie kürzer und im oberen Teil wie eine Sichel gebogen. Die Phyllodien von *Sarracenia flava* hingegen sind fast gerade. Die Blüten von *S. oreophila* sind gelblichgrün und verbreiten einen süßen Duft.

Sarracenia psittacina

Verbreitung: USA (Georgia, Florida, Louisiana).

Merkmale: Die „Papageien-Schlauchpflanze" besiedelt tiefliegende, nasse und sandige Ebenen rund um saure Sümpfe. Sie wächst manchmal vergesellschaftet mit *Sarracenia minor*.

Die Schlauchblätter sind nach unten konisch zulaufend und mit einer Länge zwischen 10 und 20 cm im allgemeinen recht klein, obwohl auch stattliche Exemplare mit einer Schlauchhöhe von 30 cm angetroffen werden. Die Rückenlinie ist leicht nach hinten gebogen. Sie überdacht die Fangblätter wie ein gut ausgebildeter „Helm". Wie bei *Sarracenia purpurea* liegen die Schläuche flach am Boden und bilden Rosetten. Anstelle eines einfachen Deckels hat sich eine Art helmförmige Haube gebildet, die oft mit einem Papageienschnabel verglichen wird. Der Eingang zwischen der Röhre und dem Helm ist klein und rund. Im oberen Teil des Schlauches sind viele durchscheinende „Fenster" vorhanden, die, wie bei vielen anderen Schlauchpflanzen, Fluchtwege vortäuschen (siehe z. B. *Sarracenia minor*). *Sarracenia psittacina* wächst bevorzugt in Überschwemmungsgebieten. Die Pflanze ist daher ausgezeichnet auf den Fang von kleinen Wassertieren eingerichtet. Sie kann aber ebenso terrestrisch lebende Insekten erbeuten. Diese Ausrichtung auf zwei verschiedene Beutegruppen ist einzigartig unter den karnivoren Pflanzen. Viele Kriechtiere fallen sicherlich auf den Duft des Nektars herein, aber ein Teil wird wohl auch zufällig in die niederliegenden Schlauchblätter „stolpern". Im Überflutungsfall liegt der Schlauch auf der Wasseroberfläche und die Strömung treibt die Insekten in die Öffnung. Die Blütenblätter sind purpurn.

Sarracenia oreophila ist auch als grüne Schlauchpflanze bekannt

Sarracenia purpurea

Verbreitung: Nordamerika (Labrador, Neufundland, Manitoba, Florida, Alabama, Louisiana).

Merkmale: Die „Rote Schlauchpflanze" unterscheidet sich auf Anhieb von allen anderen *Sarracenia*-Arten. Die Schläuche wachsen, wie bei *Sarracenia psittacina*, waagerecht. Die Öffnung ist aber sehr weit und die Pflanze ist mit einem aufrechtstehenden „Deckel" versehen. Die Art ist mit Abstand die am weitesten verbreitete der gesamten Gattung. Mehrere geographische Rassen sind bekannt. *Sarracenia purpurea* bevorzugt dauernasse Standorte der Sumpfgebiete und wächst oft zwischen *Sphagnum*-Moos. Teilweise stehen die Pflanzen regelrecht im Wasser. Die Art ist aber allem Anschein nach nicht an solche sauren Böden gebunden, da sie im Gebiet der großen Seen auch auf Mergelboden zu finden ist. Die Schläuche sind in einer Rosette angeordnet und werden bis zu 45 cm lang. Der untere Teil liegt flach auf dem Boden, der obere Teil krümmt sich aufwärts und weitet sich zur Öffnung hin deutlich. Das obere Viertel des Schlau-

Der obere Schlauchabschnitt von *Sarracenia purpurea* ist behaart.

„*Sarracenia purpurea* in Kultur“

ches ist eindeutig tonnenförmig und schließt sich kurz vor dem Nektarkragen. Die Flügelleiste ist ausgeprägt, die Deckelbasis beidseitig in Lappen ausgezogen. Der Deckel steht aufrecht, mehr oder weniger als Fortsetzung der Rükkenlinie des Schlauches. Die Öffnung wird nicht vor Regeneinfall geschützt. Je nach Alter und Lichteinfluß am Standort sind die Schläuche bronzerot bis leuchtend kastanienbraun. Die Fangmethode ist einzigartig. Während die Schläuche der anderen *Sarracenia*-Arten schmal und lang sind, um die Flucht der Insekten so gut wie möglich zu verhindern, ist die Falle bei *Sarracenia purpurea* breit und kurz. Die Klärung des Rätsels liegt in der Tatsache, daß *Sarracenia purpurea* ihre Beute regelrecht ertränkt; daher auch die Stellung des „Deckels“, die ein Überfluten des Schlauches fördert. Die Blüten sind purpurrot.

Sarracenia rubra (Syn. S. jonesii)

Verbreitung: USA (Nord- und Südcarolina, Florida).

Merkmale: Die letzte in diesem Kapitel zu besprechende Pflanze ist die kleinste aller *Sarracenia*-Arten, was die Schläuche anbelangt. Ebenso wie *Sarracenia purpurea* handelt es sich hier um eine sehr variable Pflanze, und auch hier sind einige geographische Sippen als eigenständige Taxa, zum Teil als Unterart, beschrieben worden. Die Unterschiede innerhalb dieser Art beschränken sich jedoch auf die Größe der Schlauchblätter, die Intensität des Blütenduftes und auf die Verbreitungsareale. Die typische *Sarracenia rubra* wächst in den Küstenebenen von Georgia, Nord- und Südcarolina an feuchten Standorten zwischen Gräsern und Kräutern. Die Schlauchblätter werden 15 bis 30 cm lang (manchmal länger). Die Schläuche sind die schlanksten dieser Gattung. Sie weiten sich nach und nach zur Mündung hin. Der Deckelhals ist sehr kurz und der Deckel verhältnismäßig schmal mit spitzem Ende. Der juvenile Schlauch ist olivgrün, wird aber im oberen Teil bald kupferfarben. Später erscheint fast das ganze Blatt kupferfarben überzogen, nur die Basis bleibt grün. Ein charakteristisches Muster von feinen kastanienbraunen Adern wird sichtbar und bildet ein deutliches Erkennungsmerkmal: Ungefähr zwölf mehr oder weniger parallel verlaufende Längslinien sind durch feine Querlinien und Adern verbunden. Die Nektarproduktion ist sehr üppig. Die Pflanze ist deshalb oft größtenteils mit der Anlockflüssigkeit benetzt.

Die zierlichen Blüten verbreiten einen rosenähnlichen Duft. Mit nur etwa 4,5 cm sind sie im Vergleich zu denen der anderen Arten der Gattung recht klein. Die Infloreszenzen sind oft mehrblütig, ein weiterer Unterschied zu den anderen *Sarracenia*-Arten.

Die Blüten bilden eine Art Krone am Ende des schmalen Blütenstengels. Die Kelchblätter sind bronzefarben bis kastanienbraun, die Kronblätter leuchtend bronzerot, der Griffel ist hellgrün.

Kultur

Im allgemeinen birgt die Kultur von *Sarracenia*-Arten keine größeren Probleme. Nur die aus dem amerikanischen Bundesstaat Alabama stammende *Sarracenia oreophila* ist etwas schwieriger zu pflegen. Bei dieser Art sterben am Naturstandort die Schläuche im Hochsommer ab und werden von Phyllodien ersetzt.

Kulturraum: Temperiertes Gewächshaus oder Freilandkultur.

Substrat: Für die *Sarracenia*-Arten haben sich Mischungen aus Torf, Sand und Perlite mit einem 4:1:1 Verhältnis gut bewährt. Man kann aber auch reinen Torf verwenden.

Düngung: Schwache, aber regelmäßige Düngegaben sind sehr zu empfehlen. Die Düngung erfolgt am besten über das Gießwasser und sollte bis zum Ende der Vegetationsperiode (Ende August/ Anfang September) durchgeführt werden.

Licht und Temperaturen: Auch in Bezug auf Licht sind die *Sarracenia*-Pflanzen wenig empfindlich. Die kräftigsten Pflanzen findet man aber immer an den hellsten Standorten. Nur bei intensivster Frühjahrssonne sollte man für etwas Schatten sorgen. Da die Arten der Gattung *Sarracenia* ausgesprochen robust sind, können sie ohne weiteres in einem Kasten im Freien überwintert werden; sie vertragen auch mal Frostwetter. Optimal ist allerdings eine Überwinterung im Alpinhaus bei Temperaturen um 5 °C. Die Jungpflanzen brauchen keine Ruhezeit, sie sind unter gleichbleibenden Bedingungen durchzukultivieren. Im Sommer vertragen die Pflanzen ohne weiteres Temperaturen bis über 30 °C.

Wasser und Luftfeuchtigkeit: *Sarracenia* wird oft und mit gutem Erfolg bei Staunässe gehalten. Die Luftfeuchtigkeit ist nicht unbedingt maßgebend, aber es soll angemerkt werden, daß bei konstant hoher Luftfeuchtigkeit die besten Resultate erzielt werden.

Vermehrung: Die einfachste Vermehrung erfolgt über das Auseinanderbrechen von Pflanzenstöcken mit mehreren Vegetationspunkten. Die Bruch- oder Schnittstellen sollten desinfiziert und behandelt werden, um einen möglichen Pilzbefall zu verhindern. Holzkohlepulver ist hierfür sehr geeignet.
Auch über Saat kann man *Sarracenia*-Pflanzen vermehren. Hier ist es nützlich zu wissen, daß die Saat nach einer ca. zweimonatigen Kühlschranklagerung am besten keimt.

Ein Kulturstandort von *Sarracenia*; im Vordergrund *S. purpurea*, im Hintergrund *S. flava*

Saugfallen

Saugfallen sind an und für sich „nur“ Kammern, in denen ein negativer, hydrostatischer Druck herrscht. Bei dem blitzartigen Aufspringen der Tür einer solchen Kammer wird durch den Unterdruck Wasser in die Falle gesogen und dabei das im Wasser lebende Kleingetier, das sich zufällig im Sogbereich aufhält, mitgerissen. Die Falle ist an und für sich aktiv, der Beutefang eigentlich passiv, da keine „gezielte Fanghandlung“ vor sich geht. Diese Fangstrategie wird von *Utricularia* benutzt. Ein ähnlicher Mechanismus hat sich bei der Gattung *Genlisea* ausgebildet. Die Falle dieser Gattung hat allerdings keine Tür. Es kann also nicht mit Unterdruck gearbeitet werden. Wie die Saugwirkung hier entsteht, ist noch nicht ganz geklärt. Wahrscheinlich spielt die Wasserbewegung eine Rolle.

Biovularia

Obwohl die taxonomische Eigenständigkeit von einigen Autoren bestätigt wird, findet man kaum Informationen über die Gattung, die bisher offensichtlich noch nicht zum Thema einer wissenschaftlichen Untersuchung gemacht wurde. Aus diesem Grund kann auch hier nur angemerkt werden, daß die *Biovularia*-Falle mit einer „stark reduzierten“ *Utricularia*-Falle gleichzusetzen ist. Die Klärung sowohl der Taxonomie dieser Gattung als auch der Eigenarten der Saugfalle bedarf weiterer Untersuchungen.

Arten

Die Gattung umfaßt nur wenige Arten. *Biovularia olivacea* ist für die großen Antillen, *Biovularia brasiliensis* und *Biovularia minima* sind für Brasilien und *Biovularia cymbantha* ist für das tropische Afrika beschrieben worden.

Kultur

Kulturraum: Temperiertes oder warmes Gewächshaus.

Substrat: Ein durchlässiges Sand-Torf-Gemisch.

Licht und Temperaturen: Heller Standort. Die Sommertemperaturen sollten zwischen 24 und 35 °C liegen, im Winter zwischen 18 und 24 °C.

Wasser und Luftfeuchtigkeit: Die Töpfe sollten bis zum oberen Rand im Wasser stehen. Das Wasser muß sauber und leicht sauer sein und sollte regelmäßig gewechselt werden.

Vermehrung: Die Vermehrung ist sowohl durch Aussaat als auch Blattstecklinge möglich.

Genlisea

Genlisea wurde 1833 durch Auguste de Saint Hilaire (1779-1853) in Brasilien entdeckt. Von dieser unscheinbaren Gattung sind bisher 16 Arten bekannt geworden, die allesamt rein aquatisch oder als Sumpf-Pflanzen in stehenden Gewässern zu finden sind. 6 Arten stammen aus Afrika, eine davon ist auch auf Madagaskar heimisch. Die restlichen 10 sind in Südamerika beheimatet, wobei eine Art auch auf Kuba vorkommen soll.

Genlisea,
Habitusdarstellung

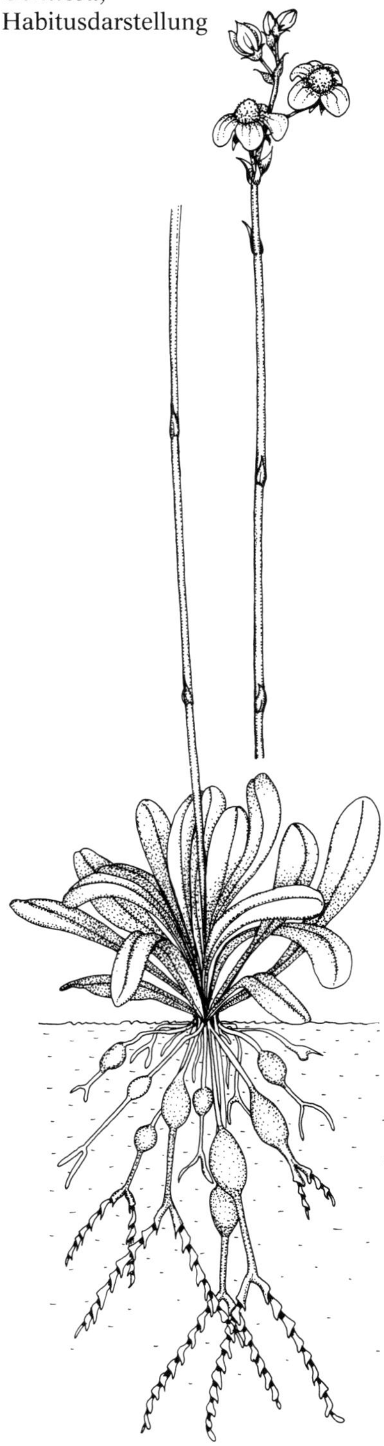

Arten

Alle *Genlisea*-Arten sind kleine, Blattrosetten bildende Pflanzen mit zwei unterschiedlichen Blatt-Typen. Beide Blattformen gehen in zwei dichten Gruppen vom schlanken Rhizom aus. Die oberirdischen Blätter sind grün, linealisch bis spatelförmig. Sie sind für die normale Photosynthese zuständig. Die unterirdischen Laubblätter sind gegabelt und ohne Chlorophyll. Nur die letztgenannte Blattart ist zu Saugfallen ausgebildet.

Genlisea hat überhaupt kein Wurzelsystem. Die Strukturen, die von einigen Autoren als solche betrachtet werden, sind nichts anderes als der untere Teil der Blattrosette.

Die *Genlisea*-Falle sitzt auf einem langen, nach unten gerichteten Stiel. Der Boden der Falle ist ein verdickter Schlauch, der bis zu 4 mm lang ist. Dieser Teil wird allgemein als Verdauungskammer interpretiert. Die Kammer ist mit einem röhrenförmigen, bis 2 cm langen Kanal verbunden. Das freie Ende dieses Kanals ist ein „Mund“ mit zwei Armen. Diese werden bis zu 5 cm lang und dienen als Fanghilfe. Zusammen mit dem verdickten Schlauch bilden sie den „Verdauungstrakt“ der Pflanze.

Obwohl die *Genlisea*-Falle ziemlich einzigartig zu sein scheint, ist sie doch der *Utricularia*-Falle sehr ähnlich. Beide Fallen sind durch Blattveränderungen entstanden. Der Hauptunterschied besteht darin, daß die Einstülpung bei *Genlisea* röhrenförmig, die von *Utricularia* kugelförmig ist.

Der Fangmechanismus von *Genlisea* ist noch nicht bekannt, denn die Fallenfunktion ist niemals an lebenden Pflanzen untersucht worden. Alle diesbezüglichen „Kenntnisse“ sind von Studien an getrocknetem oder anderweitig konserviertem Material abgeleitet worden und somit reine Spekulation. Vor allem ist nicht ganz klar, wie die Saugfalle ohne Tür funktioniert. Möglich ist, daß die Beute nicht angesaugt, sondern – durch Wasser – in die Falle hineingespült wird. Haare, die nach innen gerichtet sind, hindern die Beutetiere an der Flucht. Die Verdauungsdrüsen sitzen direkt auf der Epidermis. Sie sind denen von *Byblis* und *Pinguicula* sehr ähnlich, aber hierzu gibt es noch kaum wissenschaftliche Untersuchungen.

Die *Genlisea*-Pflanzen bilden bis zu 30 cm lange, dünne Infloreszenzen aus, die an ihrer Spitze farbenprächtige kleine Blüten tragen. Die taxonomische Unterscheidung zwischen dieser Gattung und *Utricularia* gelingt am besten anhand der Zahl der Kelchblätter. Bei *Genlisea* sind es fünf, bei *Utricularia* nur zwei.

Kultur

Kulturraum: Temperiertes oder warmes Gewächshaus.

Substrat: Ein durchlässiges Sand-Torf-Gemisch.

Licht und Temperaturen: Heller Standort. Die Sommertemperaturen sollten zwischen 24 und 35 °C liegen, im Winter zwischen 18 und 24 °C.

Wasser und Luftfeuchtigkeit: Die Töpfe sollten bis zum oberen Rand im Wasser stehen. Das Wasser muß sauber und leicht sauer sein und sollte regelmäßig gewechselt werden.

Vermehrung: Die Vermehrung erfolgt durch Aussaat oder Blattstecklinge. Die Vermehrungsresultate sind im allgemeinen recht befriedigend.

Polypompholyx

Die Gattung wurde im Jahre 1844 sowohl von J. G. C. Lehmann (1792-1860) unter dem obigen gültigen Namen als auch von A. P. de Candolle (1806-1893) als *Tetralobus* beschrieben. Sie ist endemisch für Australien und ist dort nur in der südlichen Region um den Spencergolf und im Südwesten zwischen Perth und Albany zu finden. Ihre zwei Arten sind den terrestrisch wachsenden *Utricularia*-Arten sehr ähnlich, was sich auch darin spiegelt, daß die Gattung von einigen Autoren als Teil von *Utricularia* betrachtet wird. Der Hauptunterschied zwischen den zwei Gattungen besteht darin, daß der Blütenkelch bei *Polypompholyx* aus vier Blättern, bei *Utricularia* aus zwei Blütenblättern aufgebaut ist.

Die Saugfallen der *Polypompholyx*-Arten werden an unterirdischen „Wurzelblättern“ ausgebildet. Sie sind denen der *Utricularia*-Arten sehr ähnlich. Bedeutende Unterschiede zeigen jedoch die zwei Seitenflügel und die bauchig verdickten Stengel. Die Fangblase ist beidseitig mit einem schnabelförmigen Klappdeckel verschlossen. Der Rand der Blasenöffnung ist mit Auslöserhaaren versehen. Sobald diese von einem Beutetier berührt werden, öffnen sich die Klappen blitzartig und das Tier wird in eine der beiden Vorkammern gesogen. Dort zwingen nach innen gerichtete, spitze Haare das Tier zum Blaseninneren weiter zu schwimmen. Über die chemische Zusammensetzung der Verdauungsenzyme und über das Beutespektrum ist kaum etwas bekannt.

Arten

Polypompholyx multifida

Verbreitung: *Polypompholyx multifida* ist lediglich von der südwestlichen Küstenebene Australiens bekannt.

Merkmale: Die Pflanze besteht aus schmalen, länglichen, zur gerundeten Spitze hin verbreiterten, grünen Blättern, die kaum länger als 5 cm werden. Die Laubblätter stehen in einer Rosette um den Blütenstiel. Dieser ist bis zu 30 cm hoch und trägt zwischen einer und mehreren Blüten. Die Blüten sind im allgemeinen rosa. Es ist aber auch eine weiße Variante bekannt. Die Blüte besteht hauptsächlich aus zwei „lippenartigen" Teilen. Die „Oberlippe" ist tief in zwei kleine, schmale Hälften gespalten. Die „Unterlippe" ist ungefähr sechsmal so groß wie die „Oberlippe". Sie ist deutlich in drei ausgebreitete Lappen geteilt. Die äußeren Lappen sind etwas kürzer als der Mittellappen. Die Blüte ist mit einem stumpfen Sporn versehen.

Polypompholyx tenella

Verbreitung: Victoria und Südaustralien.

Merkmale: An und für sich ist sie „nur" eine verkleinerte, wenigblütige Ausgabe der vorhergehenden Art mit 1 bis 2 Blüten, die einen Durchmesser von nur 6 mm haben.

Kultur

Kulturraum: Temperiertes oder warmes Gewächshaus.

Substrat: Ein durchlässiges Sand-Torf-Gemisch.

Licht und Temperaturen: Heller Standort. Die Sommertemperaturen sollten zwischen 24 und 35 °C liegen, im Winter zwischen 18 und 24 °C.

Wasser und Luftfeuchtigkeit: Die Töpfe sollten bis zum oberen Rand im Wasser stehen. Das Wasser muß sauber und leicht sauer sein und sollte regelmäßig gewechselt werden.

Vermehrung: Die Vermehrung erfolgt durch Aussaat oder Blattstecklinge.

Utricularia

Obwohl *Utricularia* sicherlich auch den Pflanzengelehrten des Mittelalters bekannt war, finden wir die erste ausführliche Abhandlung erst 1797 in der von James Sowerby (1757-1822) illustrierten „English Botany". Der Text, der sehr oft auch diesem berühmten Naturzeichner zugeschrieben wird, stammt in Wirklichkeit von J. E. Smith (1759-1828), einem der führenden Botaniker seiner Zeit. Er zeigt, daß die eigenartige Falle der Pflanze damals noch als „Schwimmkörper" mißverstanden wurde. Erst im Jahr 1875 oder 1876 wurde die Fallenkonstruktion zumindest im Prinzip erkannt und zwar von der Laienbotanikerin Mary Treat. Charles Darwin dagegen vertrat noch 1875 die Meinung, die Tiere in der *Utricularia*-Falle hätten freiwillig und selbständig den Weg dorthin gefunden.

Die Gattung *Utricularia* ist sicherlich die am weitesten verbreitete Gruppe der karnivoren Pflanzen. Mit ca. 275 Arten ist sie auch bei weitem die umfangreichste. Die Blütenstrukturen von *Utricularia* sind denen der Gattung *Pinguicula* sehr ähnlich, aber davon abgesehen unterscheiden sich die Pflanzengruppen in fast allen Aspekten. Viele Eigenheiten der Gattung *Utricularia* sind auch immer noch ein Rätsel. Eine Reihe von Arten bringt z. B. zwei verschiedene Blütentypen hervor, wobei jeweils nur ein Blütentyp eine „normale" Blütenstruktur aufweist, d. h. auf Bestäubung durch Insekten schließen läßt. Andere Arten, vor allem die der nördlichen Verbreitungsgebiete, bilden dagegen hauptsächlich kleistogame (selbstbestäubende) Blüten aus. Sicherlich liegt hier ein Übergang vor. Blüten, die auf eine Insektenbestäubung ausgerichtet sind, sind in Gegenden, in denen die Insekten auf Grund der Kälte während der Blütezeit nicht fliegen können, unbrauchbar. Es wäre somit eine logische Anpassung für die Pflanze, auf selbstbestäubende Blüten überzugehen, während die

Die prächtigen Blüten von *Utricularia saundersonii*

Möglichkeit der notwendigen Genpoolauffrischung durch die Ausbildung von eventuell zu einer späteren Jahreszeit hervorgebrachten „Insektenblüten“ beibehalten bleibt.

Auch was die Wuchsform anbelangt ist die Gattung variabel. Viele der *Utricularia*-Pflanzen sind reine Wasserpflanzen. Man findet sie als „Klumpen“ oder „Teppiche“ freischwimmend auf ruhigen, sauberen Gewässern. Die Blüten dieser Wuchsform stehen am Ende von langen, dünnen Infloreszenzen über der Wasseroberfläche. Je nach Art werden eine einzige oder bis zu 15 Blüten ausgebildet.

Einige der Arten haben sich ganz besondere Lebensbereiche erobert. *Utricularia exoleta* z. B., findet man im israelischen Hula Tal. Die Pflanzen besiedeln dort sehr kleine Wasserlöcher, die durch das Überfluten von Rinderspuren entstehen. Sie sind wegen ihrer geringen Wettbewerbsfähigkeit außerdem darauf angewiesen, daß diese Tiere die eventuell vorhandene Begleitvegetation in Grenzen halten.

Die zweite große Gruppe der Gattung fristet ein rein terrestrisches Dasein in den subtropischen Gegenden unserer Erde. Diese Arten wurzeln vor allem in feuchten, sandigen und/oder lehmigen Böden, wobei der Hauptteil der Pflanze fast immer unter der Oberfläche verbleibt. Einige Arten findet man auch in Moosvegetationen, manche davon sogar zwischen dem Moosbewuchs der Bäume – und das bis in Höhenlagen bis ca. 3500 m. Die Arten dieses letzten Wuchstyps haben oftmals kurze, grasähnliche Blätter und sind offensichtlich in der Lage Photosynthese zu betreiben. Ob einige der *Utricularia*-Arten, wie *Utricularia manni* und *Utricularia striatula* in der Tat richtige Epiphyten sind wie vielerorts behauptet, ist niemals wissenschaftlich nachgewiesen worden und meines Erachtens sehr zweifelhaft. Viele der aquatisch lebenden Arten können eine Art Winterknospe ausbilden, so daß sie mehrere Monate Trockenheit überdauern können. Eine Reihe von Arten bildet Blattstolone aus, die als Ankermechanismen interpretiert werden. Bei manchen Arten werden diese Stolone (Ausläufer) verdickt und dürften auch eine Speicherfunktion haben.

Die Ausbildung der kleinen Fallen scheint an allen Teilen der Pflanze möglich zu sein, man findet sie genauso an den Blättern wie an den Stolonen und deren Verzweigungen. Die Fallen sind 0,2 bis 0,6 cm im Durchmesser, wobei auch größere Fallen vorkommen, aber äußerst selten zu sein scheinen. Die Form der Falle, die Mundposition, die Anhängsel und die Tür unterscheiden sich von Art zu Art. Manchmal variieren die Fallen auch innerhalb einer Art. Die Grundstruktur ist aber immer gleich und wird hier anhand der Zeichnung dargestellt.

Die Falle ist ein mit Wasser gefüllter Sack, gemeinhin als *Utricle* bezeichnet. Die Sackwände sind sehr dünn (ca. 2 Zellagen). Am

Ende eines Vorhofes findet man eine Falltür, die sich nach innen öffnet. Die Falle sitzt auf einem kleinen Stiel, der sie mit dem Blatt oder dem Sproß verbindet. Meistens ist der „Türrahmen“ mit zwei verzweigten Haaren und einigen verlängerten Borsten versehen. Sie bilden eine Art Trichter, die die kleinen Beutetiere in Richtung Tür weisen. Die „Tür“ ist an einer Art Scharnier aufgehängt und durch weitere Strukturen gegen eine unbeabsichtigte Öffnung geschützt. Während der sogenannten Verdauungsphase wird die Flüssigkeit innerhalb der Falle nach und nach von der Pflanze aufgenommen. Das Resultat ist eine graduelle Minderung des Wasserdrucks innerhalb der Falle. Ein kleines Vakuum entsteht, welches dazuführt, daß die Seitenwände einfallen. Die Kammer steht nun unter Unterdruck und ist somit eine Saugfalle, die für den Beutefang bereitsteht. Einige Arten haben Auslösehaare um die Tür postiert. Durch Berührung dieser Auslösemechanismen durch die Insekten oder durch andere, noch weithin ungeklärte Vorgänge öffnet sich die Tür blitzartig. Der vorhandene Sog zieht Wasser und darin enthaltenes Kleintier in die Falle. Da die Tür sich nur nach einer Seite (nach innen) öffnen läßt, gibt es kein Entrinnen. Die Fallenwirkung ist in ca. 1/500 Sekunde vorüber. Dies ist sogar zu schnell, um die Bewegung mit den modernsten, derzeit bekannten, optischen Zeitlupenvorrichtungen darzustellen. Die nun folgende Verdauungsphase dauert 15 bis 30 Minuten. Danach ist die Falle wieder aktionsbereit und wartet auf frische Beute.

Die Beute von *Utricularia* besteht hauptsächlich aus sehr kleinen Wasserinsekten, Einzellern, winzigen Krebstieren sowie Rädertierchen. Die *Utricularia*-Fallen vertilgen auch größere Mengen von Moskito-Larven. Bei einigen Arten gehören Kaulquappen zum Beutespektrum. Die Beute muß nicht unbedingt auf einmal in die Falle gelangen können. Die sich schließende Falltür klemmt die Beute ein. Auch wenn sich nur ein Teil der Beute innerhalb der Falle befindet, laufen die Verdauungsvorgänge ganz normal ab. Später wird der Rest der Beute bei einer weiteren Fallenbewegung nach innen gesogen.

Wegen der Arten- und Wuchsvielfalt ist es nicht möglich, alle Arten zu beschreiben und eine für die gesamte Gattung zutreffende Kul-

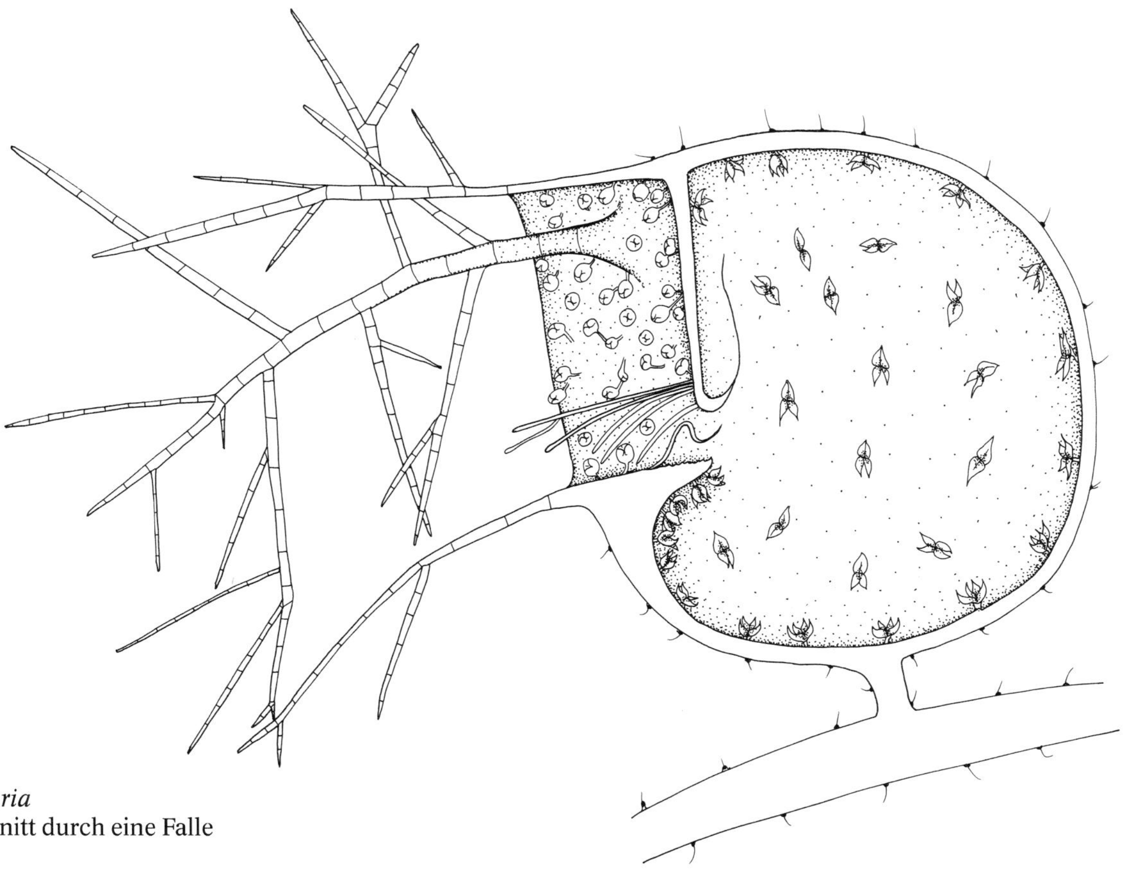

Utricularia
Querschnitt durch eine Falle

turanleitung zu geben. Aus diesem Grund wird hier nach wasserbewohnenden *Utricularia*-Arten und Landformen unterschieden. Für beide Gruppen werden einige Arten exemplarisch angeführt.

Wasserbewohnende (aquatische) Utricularien-Arten

Diese bestehen hauptsächlich aus flutenden Stämmen mit haarförmigen, gallenbesetzten Blättern. Die Fangblasen sind umgewandelte Blätter oder Blattabschnitte.

Utricularia gibba

Verbreitung: Tropisches Afrika, Nordafrika, tropisches Asien, nördliches Australien.

Merkmale: Diese als „Zwergwasserschlauch" bekannte Pflanze hat sehr dünne Stengel, die entweder auf der Wasseroberfläche oder auf dem nassen Boden liegen. Die extrem dünnen Blätter sind mehrfach geteilt und zeigen bis zu 3 Fangblasen. Die Pflanze bildet auf 2 bis 10 cm langen Blütenstielen bis zu 4 kleine weißliche bis gelbliche Blüten aus. Sie eignet sich für tropische Aquarien. Bei Temperaturen über 18 °C und genügend Licht bleiben die Pflanzen ganzjährig in der Wachstumsphase.

Utricularia minor

Verbreitung: Auf allen Kontinenten.

Merkmale: Diese Art bevorzugt kühlere, leicht saure Gewässer. Der „Kleine Wasserschlauch" hat bis zu 50 cm lange Stengel mit bis zu 20 oder mehr wechselständigen, gegabelten Spitzen, an denen bis 8 Fangblasen sitzen. Auf einer bis zu 17 cm hohen Infloreszenz werden bis zu 5 zitronengelbe Blütchen ausgebildet.

Utricularia olivacea

Verbreitung: Nordamerika.

Merkmale: Diese Wasserpflanze ist eine der kleinsten Blütenpflanzen der Welt. Die extrem schlanken Stämme haben Fangblasen, die ungefähr 1 mm im Durchmesser erreichen. *Utricularia olivaceae* schwimmt in warmen, sauren Gewässern. Das bekannte Verbreitungsgebiet erstreckt sich von New Jersey hinunter bis nach Florida. Aufgrund ihrer Unscheinbarkeit wird die Pflanze allerdings nur selten bemerkt. Es ist daher nicht auszuschließen, daß das Verbreitungsareal weit ausgedehnter ist.

Die Blüte ist bis 2 mm groß und wird auf einem 2 bis 2,5 cm langen Blütentrieb getragen.

Blütezeit: Anfang September bis Anfang November.

Utricularia purpurea

Verbreitung: Nordamerika.

Merkmale: Diese Art ist in den langsam fließenden und sauren Gewässern des gesamten östlichen Teils Nordamerikas weit verbreitet. Die langen, braunen Stämme schwimmen unter der Wasseroberfläche. Es werden Stengelrosetten mit vielen Fangschläuchen ausgebildet. Die Blüten haben einen Durchmesser von maximal 1,3 cm und sind purpurfarben. Sie stehen einzeln auf bis zu 10 cm langen Blütentrieben, die aus dem Wasser emporragen.

Utricularia vulgaris

Verbreitung: Auf allen Kontinenten.

Merkmale: Der „Gemeine Wasserschlauch" bildet bis zu 2 m lange Stengel aus. Die Blätter sind groß, vielfach gegabelt. An jedem Blatt können bis zu 100 Fangblasen auftreten. *Utricularia vulgaris* kann – ebenso wie *Utricularia minor* – der Fischbrut gefährlich werden. Der Blütenstand von *Utricularia vulgaris* ist bis zu 50 cm hoch und trägt bis zu 15 eigelbe Blüten mit orangefarbigem Oberteil. Die Pflanze braucht weiches Wasser und reichlich Licht.

Landbewohnende (terrestrische) Utricularien-Arten

Die Pflanzen bestehen aus einem unterirdischen Ausläufersystem und oberirdischen Laubblättern. Sie wachsen auf sumpfigem Boden zwischen den Wurzelgeflechten anderer Pflanzen. Dort bilden sie Wurzelblätter ohne Schläuche und Schlauchblätter mit endständigen Bläschen. Aus den Achseln der Wurzelblätter gehen die Blütenstände hervor. Die sogenannten „epiphytischen" Formen „schwimmen" zwischen Baummoosen. Ihre Blätter entwickeln sich zu sproßähnlichen, verzweigten Gebilden.

Diese wiederum bringen weitere Laubblätter, Sprosse und Blütenstände hervor.

Utricularia alpina

Verbreitung: Antillen und Südamerika.

Merkmale: Dieser Epiphyt kommt in den Gebirgsgegenden vor und besteht aus mehr oder weniger breit eiförmigen, gestielten Blättern und Wurzelblättern. Die Blüten sind in der Grundfarbe weißlich, mit gelbem Fleck und einem weißen Sporn.

Utricularia coerulea

Verbreitung: Indien.

Merkmale: Die Blätter sind grasähnlich, zur Basis hin schmäler. Sie zeigen bis zu 10 zylindrische Anhängsel, an denen sich die Fangblasen bilden. Der Blütentrieb ist bis zu 10 cm lang und trägt bis zu 6 purpurne Blüten.

Utricularia dichotoma

Verbreitung: Tasmanien.

Merkmale: Die Laubblätter sind breit lanzettlich. Die Wurzelblätter bilden „Ausläufer". Die Fangblasen sind kurzgestielt und stehen zwischen den Wurzelhaaren. Die Blüten sind groß und violett.

Utricularia endresii

Verbreitung: Costa Rica.

Merkmale: Ein weiterer „Epiphyt". Die Blätter sind relativ groß und ragen mehrere Zentimeter über das Substrat hinaus. Im Winter werden die Blätter abgeworfen. Die Infloreszenz trägt bis zu 5 weiße, violett überhauchte Blüten. Die Kelchblätter sind rosa.

Utricularia lateriflora

Verbreitung: Tasmanien.

Merkmale: Eine hochentwickelte Pflanze mit typischen Ausläufern, an denen Blätter, Fangblasen und Blüten ausgebildet werden. Die Infloreszenz ist bis zu 8 cm lang und trägt 1 – 2 leuchtendrote Blüten.

Blüte von *Utricularia dichotoma*, einer *Utricularia*-Art Tasmaniens

Utricularia longifolia

Verbreitung: Brasilien.

Merkmale: Eine weitere baumbewohnende Art. Die Laubblätter sind riemenförmig bis lanzettlich und haben keine Fangblasen. Die dünnen, im Substrat kriechenden Ausläufer haben zweireihig angeordnete Fangblasen. Der Blütentrieb trägt bis zu 10 dunkelviolette Blüten mit einem orangegelben Fleck.

Utricularia modesta

Verbreitung: Brasilien.

Merkmale: *Utricularia modesta* hat eine grundständige Blattrosette mit Fangblasen. Die Blüten sind gelb.

Utricularia resupinata

Verbreitung: Nordamerika.

Merkmale: Diese Pflanze gedeiht in sehr nassen und morastigen Gegenden im südöstlichen Teil Nordamerikas, vor allem in Südcarolina und Florida. Die Pflanzen stehen meist in ca. 1 cm tiefem Wasser, aber der Hauptteil ist in den Untergrund versenkt. Die Blätter sind schmal. Die purpurnen Einzelblüten werden auf einem bis zu 12 cm hohen Blütentrieb hervorgebracht.

Utricularia volubilis

Verbreitung: Westliches Australien.

Merkmale: Die Laubblätter sind linealisch bis zu 3 cm lang. Es gibt ein bis zu 10 cm langes unterirdisches Ausläufersystem mit extrem großen Fangblasen. Die Blütenstände sind bis zu 30 cm lang.

Kultur wasserbewohnender (aquatischer) Arten

Kulturraum: Aquarium, Sumpf, Teich.

Substrat: Im allgemeinen gedeihen die *Utricularia*-Arten in weichem Wasser. Die Pflanzen entwickeln sich vor allem dann gut, wenn sie einen leicht sauren (torfigen) Untergrund vorfinden und genügend Beutetiere vorhanden sind. Freischwimmende *Utricularia*-Arten können ohne tierische Nahrung nicht überleben. Bei Nahrungsknappheit werden die Stämme immer kürzer und die Blätter immer kleiner. Die Fangblasenausbildung geht zurück.

Düngung: Keine.

Licht und Temperaturen: Das Wasser sollte temperiert sein. Viel Licht ist notwendig. Bei den heimischen *Utricularia*-Arten werden ab Herbst Winterknospen ausgebildet. Diese Hibernakel sind im Grunde nur verkümmerte Sprosse. Sie sind von einer Art Schuppenschicht umgeben, lösen sich von der Mutterpflanze und sinken zu Boden. Sie überstehen die bei uns normalen Minustemperaturen ohne weiteres. Die Knospenblätter lockern sich im folgenden Frühjahr und die jungen Pflanzen arbeiten sich zur Wasseroberfläche zurück.

Vermehrung: Vegetative Teilung, Saat.

Kultur landbewohnender (terrestrischer) Arten

Kulturraum: Temperiertes oder warmes Gewächshaus.

Substrat: Die bodenbewohnenden und die sogenannten epiphytischen *Utricularia*-Arten werden am besten in Holzkörbchen in *Nepenthes*-Substratmischung gepflanzt. Die typisch terrestrischen Arten gedeihen sehr gut in faserigem Torfgemisch, das flach in wassergefüllten Behältern liegt. Das benötigte Wasser wird durch die sehr dünnen Röhrchen des Vaskulärgewebes kapillar aufgesaugt.

Licht und Temperaturen: Diese Pflanzen gehören in ein helles, warmes Gewächshaus. Die Temperatur sollte zwischen 20 und 25 °C gehalten werden.

Wasser und Luftfeuchtigkeit: Es sollte immer für ausreichendes Bodenwasser gesorgt werden. Die Luftfeuchtigkeit muß immer über 70 % sein, am besten um 90 %.

Vermehrung: Saat oder vegetative Teilung.

Allgemeines zur Kultur

Es ist sicherlich einleuchtend, daß es unmöglich ist, allgemein gültige Kulturbedingungen für alle karnivoren Pflanzen an allen Orten der Welt anzugeben. In einem Gewächshaus, das in München steht und in nördlicher Richtung ausgerichtet ist, kann man nicht nach dem gleichen Schema kultivieren wie in einem ähnlichen Gewächshaus in Kassel, das dann auch womöglich noch in ostwestliche Richtung aufgestellt wurde. Jeder Kultivateur muß seinen eigenen „Stil" finden. Jeder Liebhaber muß herausfinden, welche Pflanzen er unter seinen Bedingungen gut halten kann. Von den anderen Gattungen und Arten sollte er tunlichst die Finger lassen.

Dieses Kapitel kann also nur die Grundlagen der Kultur vermitteln, und auch das nur in Anbetracht der Erfahrungen des Autors. Es ist ebensowenig komplett wie allgemeingültig und jeder soll seine eigenen Erfahrungswerte sammeln.

Grundvoraussetzungen

Den fleischfressenden Pflanzen sollten nach Möglichkeit Lebensbedingungen geboten werden, die denen am natürlichen Standort ähneln. Das bedeutet im Klartext, daß in unseren Breiten mit wenig Mühe und relativ geringem Finanzaufwand ein Gartenbiotop angelegt werden kann, in dem die heimischen karnivoren Pflanzen gedeihen werden.

Der Kultivateur, der sich tropische und subtropische Karnivoren „halten" will, wird aber ohne entsprechenden Aufwand (geschlossene Blumenfenster, Gewächshaus) kaum auskommen. Die Kultur von karnivoren Pflanzen im „Nur"-Wohnzimmer ist ganz einfach als Frevel zu bezeichnen. Ganz davon abgesehen, daß denjenigen, die sich darauf einlassen, nur eine kurze Freude an ihren zum Teil extrem teuren Pflanzen vergönnt ist, da die Pflanzen bald eingehen. Jede Pflanze ist aber ein Lebewesen, das zur Natur gehört und ebenso lebensberechtigt wie wir es sind!

Ferner sei hier darauf hingewiesen, daß einige der karnivoren Pflanzen unter striktem Naturschutz stehen. Dies bedeutet auch, daß der Kultivateur die Pflanze „artgerecht" zu halten hat. *Nepenthes rajah* und *Cephalotus follicularis* z. B., stehen auf Anhang 1 des Washingtoner Artenschutzabkommens. Bei diesen Arten reicht es keineswegs aus, die notwendigen Einfuhrdokumente vorlegen zu können. Der Versuch, solche Arten in Wohnzimmerkultur zu halten, ist nicht nur aussichtslos, sondern auch eine strafbare Handlung.

Sicherlich hat nicht jeder das Glück, sich ein Gewächshaus leisten zu können. Außerdem sind viele Gärten zu klein, sie bieten nicht genügend Platz für ein Gewächshaus. Trotzdem muß man auch dann nicht auf dieses phantastische Hobby verzichten. Man sollte sich nur die Grenzen bewußt machen, die sich daraus ergeben, d. h. nur solche Arten kultivieren, die man in einem Terrarium oder einem geschlossenen Blumenfenster halten kann. Bedenken Sie bitte, daß eine tropische Pflanze, die an eine konstante Luftfeuchte von 60-100 % gewohnt ist, in einem zentralgeheizten Wohnzimmer in etwa die gleiche Überlebenschance hat, wie ein Süßwasserfisch in einem Meereswasseraquarium!

Auch sollten Sie sich keineswegs mit Aussagen der Verkaufsgärtner über die angeblich einfache Kultur einer Pflanze zufrieden geben. Nur Pflanzen, die bei Ihnen gut gedeihen, sind für Sie als einfach in der Kultur zu betrachten. Egal wieviele „Fachleute" Gegenteiliges behaupten. Ich kenne Liebhaber, die sogenannte „nicht oder kaum kulturfähige" Pflanzen seit Jahren unter den einfachsten Bedingungen mit großem Erfolg kultivieren, andererseits die „einfachsten Allerweltsarten" aus unerklärlichen Gründen immer wieder in den Pflanzenhimmel schicken.

Fangen Sie also niemals Ihre Sammlung mit einem größeren Sortiment an. Beschränken Sie sich am Anfang lieber auf eine oder höchstens zwei verwandte Gattungen und expandieren Sie Ihre Sammlung erst, nachdem Sie diese im Griff und Zeit für die „Intensivbehandlung“ neuer Sorten haben.

Praktische Tips

Zur Temperatur

Die Pflanzen aus verschiedenen Klimabereichen brauchen unterschiedliche Kulturtemperaturen. Die entsprechenden Detailangaben habe ich, soweit sie mir bekannt sind, bereits unter den entsprechenden Arten und Gattungen angegeben. Darüber hinaus gilt es zu berücksichtigen, daß die Raumtemperaturen von unten nach oben zunehmen. Entsprechend sollten die Pflanzen aus kälteren Heimatgebieten tiefer gestellt werden und umgekehrt, die aus wärmeren Zonen höher. Bei tropischen Arten wird sehr oft die Nachtabsenkung am Standort übersehen. Tagsüber ist es brütend heiß und nachts kann es im Extremfall sogar Frost geben. Diese Nachtabsenkung kann – muß aber nicht – für die Pflanze lebenswichtig sein. Da es in einer Vitrine oder in einem nicht unterteilten Gewächshaus kaum möglich ist, mehrere, deutlich verschiedene Klimabereiche zu imitieren, sollten in solchen Fällen nur Pflanzen aus derselben oder aus ziemlich ähnlichen Klimazonen gehalten werden. Man sollte sich immer vor Augen halten, daß die Annahme, alle Tropenpflanzen brauchten es immer warm und naß, auf Unkenntnis beruht.

Luftfeuchtigkeit und Wasser

Auch für die Luftfeuchtigkeit gilt, daß man über das Klima im Heimatareal im Bilde sein muß. In diesem Zusammenhang sollte man deutlich machen, daß konstant hohe Luftfeuchtigkeit zwar Tropenpflanzen gut tut, für den Menschen aber ziemlich abträglich ist. Es sei ausdrücklich davon abgeraten, einen Teil der Wohnung zum „Gewächshaus“ umzufunktionieren. Sicherlich gedeihen bestimmte karnivore Pflanzen in Kultur auch bei etwas niedriger Luftfeuchtigkeit als am natürlichen Standort. Man sollte dies aber nicht zur Regel machen.

Eine hohe Luftfeuchtigkeit in der Vitrine oder im Gewächshaus kann vor allem dadurch erreicht werden, daß die Böden während der Wachstumsperiode feucht gehalten werden. Feucht bedeutet aber keineswegs triefend naß. Obwohl einige der karnivoren Pflanzen ein zeitlich begrenztes „Fußbad“ gut vertragen, mögen die meisten überhaupt keine „nassen Füße“.

Bei Pflanzen, die eine Ruhezeit durchlaufen, sollte das Substrat, in das sie getopft sind, während dieser Erholungspause leicht feucht gehalten werden.

Karnivore Pflanzen sollten nach Möglichkeit mit entsalztem Wasser gegossen werden, da die im normalen Leitungswasser enthaltenen Salze sich mit der Zeit im Substrat anreichern und die Pflanzen langsam aber sicher eingehen lassen. Wo immer möglich, ist Regenwasser als die erste Wahl anzusehen. Eine Entsalzungsanlage dürfte für viele Zimmergärtner zu teuer sein. Außerdem sei darauf hingewiesen, daß die Leitungswasserqualität von Ort zu Ort (teilweise über ganz kleine Distanzen) extrem variieren kann. Vor allem für frisch eingesetzte Pflanzen kann die Wasserqualität aber lebenswichtig sein. Geschwächte Importpflanzen sind empfindlicher als kräftige, seit längerem in Kultur befindliche Exemplare. Weil dem Leitungswasser oft Chlor oder Fluor zugesetzt ist, sollte solches Wasser, wenn überhaupt, nur dann Verwendung finden, wenn es einige Tage abgestanden ist.

Pflanzen, die am natürlichen Standort in sauren Substraten wachsen, sollten mit angesäuertem Wasser gegossen werden. Leicht saures Wasser erhält man durch den Zusatz von Aluminiumsulfat. Man gibt einen gehäuften Eßlöffel in 5 Liter Wasser. Wenn man angesäuertes Gießwasser verwendet, sollten die behandelten Pflanzen aber gut überwacht und die Säurekonzentration bei negativen Wuchsanzeichen sofort gemindert werden.

Ruheperiode

Das Übersehen einer notwendigen Ruheperiode wird in den meisten Fällen zum Verlust der Pflanze führen. Indikationen für eine Ruheperiode sind

- das Verlangsamen des Wachstums, es werden keine neuen Blätter mehr hervorgebracht,
- Winterknospen werden geformt, oft in Zusammenhang mit dem
- Absterben der oberirdischen Pflanzenteile.

Die Ruheperiode kann sowohl in unsere Sommer- (z. B. bei den australischen *Drosera*-Arten) als auch in die Wintermonate (z. B. bei einigen amerikanischen *Drosera*-Arten) fallen. Einige karnivore Pflanzen haben keine definierte Ruhezeit. *Aldrovanda*-Arten z. B. können, wenn die Bedingungen gegeben sind, zu jeder Jahreszeit ins Ruhestadium eintreten. Wiederum gilt es also, die in Kultur befindlichen Pflanzen genau zu beobachten. Pflanzen, die naturgemäß eine Ruheperiode durchmachen, aber in Pflege „durchkultiviert" werden, zeigen oft einen Pilz- oder Schädlingsbefall, der nicht nur den Verlust der besagten Pflanze zur Folge haben kann, sondern auch andere Pflanzen gefährdet. Während einer Ruhezeit sind die Pflanzen grundsätzlich kühl und relativ trocken zu halten.

Licht

Licht ist wohl mit der wichtigste Faktor für die Kultur der karnivoren Pflanzen. Abgesehen davon, daß Licht, wie bei allen grünen Pflanzen, für die Photosynthese und somit für den Nährstoffkreislauf unentbehrlich ist, regelt es auch die Blütenbildung und den jährlichen Zyklus zwischen Wachstumsphase und Ruhezeit bei vielen, wenn auch nicht bei allen Arten. Was die notwendige Lichtintensität anbelangt, liegen keine allgemein gültigen Erfahrungswerte vor. Man muß eben über Versuche herausfinden, welches die optimale Lampenzahl und der beste Abstand zwischen Lampen und Pflanzen ist. Zu niedrige Lichtverhältnisse führen meistens zu höheren Pflanzen mit Blättern, die zu schwer sind und umknikken. *Sarracenia* bildet bei zu geringem Licht keine voll ausgewachsenen Schläuche aus. Sobald die Lichtverhältnisse ausreichend sind, werden die Schläuche rötlich überhaucht. Man sollte aber vorsichtig sein, da auch zu viel Licht, vor allem bei Sämlingen und Jungpflanzen, eine negative Wirkung erzielen kann, d. h. die zarten Pflanzen „verbrennen".

Bei geschlossenen Kulturräumen, die in der prallen Sonne stehen, sollte für ausreichende Ventilation gesorgt werden, da sonst die Temperatur zu hoch steigen kann. Auch hier sollte man zwischen Winter und Sommer unterscheiden. Die tiefstehende Wintersonne birgt im allgemeinen keine Gefahren. Die hochstehende Sommersonne läßt das Quecksilber der Thermometer aber in kürzester Zeit hochsteigen.

Obwohl karnivore Pflanzen am besten unter natürlichen Lichtverhältnissen gedeihen, kann man sie auch unter Kunstlicht kultivieren. Man sollte aber darauf achten, daß Kunstlicht oft sehr hohe Temperaturen verursacht. Dies ist in abgeschlossenen Kulturräumen ein nicht zu vernachlässigendes Problem. Fluoreszierende Lampen eignen sich besser als andere, da sie nicht stark aufheizen. Sie sind aber teurer in der Anschaffung. Es gibt viele kommerzielle Varianten dieser Kunstlichtquellen. Einige haben sogar ein Spektrum, das dem des Sonnenlichtes sehr ähnlich ist. Der Fachhandel kann hier beratend helfen.

Alle Kunstlampen altern. Das heißt, man muß sie regelmäßig erneuern, was wiederum die Kosten des Hobbies in die Höhe treibt. Es gibt allerdings einige Tricks, die Geld sparen helfen. So sollten die Lampenhalterungen mit Aluminiumfolie ausgekleidet werden, die das Licht in Richtung Pflanzen reflektiert. Auch die Auskleidung der Wände mit einer spiegelnden Abdeckung erhöht die Lichtintensität im Kulturraum und führt zu einem niedrigeren Lampenbedarf. Je nach Breitengrad des natürlichen Habitats, brauchen die Pflanzen unterschiedliche Tageslängen. Die Daten der folgenden Tabelle geben Richtwerte an, sollten aber nicht für allgemeingültig gehalten werden.

Pflanzen mit einem weiten Verbreitungsgebiet, wie z. B. *Aldrovanda*, sind natürlich nicht so lichtempfindlich und gedeihen unter unterschiedlichen Lichtverhältnissen. Bei anderen ist die zutreffende Tageslichtdauer ziemlich genau einzuhalten. Die Tatsache, daß eine Pflanze in der Kultur nicht blüht oder keine Bestäubung zuläßt, dürfte auch mit der Dauer der Lichtbestrahlung zu tun haben. In solchen Fällen ist es ratsam zu experimentieren.

Breitengrad	Tageslänge	
	Sommeranfang	Winteranfang
90 ° N	24 Stunden	0 Stunden
80 ° N	24 Stunden	0 Stunden
70 ° N	24 Stunden	0 Stunden
60 ° N	18½ Stunden	5½ Stunden
50 ° N	16¼ Stunden	7¾ Stunden
40 ° N	15 Stunden	9 Stunden
30 ° N	14 Stunden	10 Stunden
20 ° N	13¼ Stunden	10¾ Stunden
10 ° N	12½ Stunden	11½ Stunden
0 °	12 Stunden	12 Stunden
10 ° S	11½ Stunden	12½ Stunden
20 ° S	10¾ Stunden	13¼ Stunden
30 ° S	10 Stunden	14 Stunden
40 ° S	9 Stunden	15 Stunden
50 ° S	7¾ Stunden	16¼ Stunden
60 ° S	5½ Stunden	18½ Stunden
70 ° S	0 Stunden	24 Stunden
80 ° S	0 Stunden	24 Stunden
90 ° S	0 Stunden	24 Stunden

Substrat und Wuchsformen

Das Substrat hat mehrere Funktionen. Erstens werden hier die Pflanzen verankert und zweitens ist es die Umgebung, aus der die Pflanze die meisten Nährstoffe und den Hauptteil des benötigten Wassers zieht. Die meisten karnivoren Pflanzen brauchen ein saures, nährstoffarmes und sehr durchlässiges Substrat.

Viele karnivore Pflanzen sind bereits erfolgreich in den verschiedensten Substratmischungen kultiviert worden. Ein zwar lustiger, aber doch ernstzunehmender Spruch ist, daß man, wenn man 10 Kultivateure nach dem benutzten Substrat fragt, mindestens 15 unterschiedliche Antworten erhält. Auch hier sollte man also vorsichtig experimentieren, bis man ein erfolgreiches Substrat gefunden hat, das man dann auf Dauer beibehält: „never change a winning team".

Die am häufigsten verwendeten Zutaten für die Kultur der karnivoren Pflanzen sind:

- *Sphagnum*
- diverse Waldmoose
- Torf
- Perlite
- Vermiculite
- Baumfarnwurzeln
- Kieselsaurer Sand (für die säureliebenden Arten – also die meisten)
- Kalksteinsand (für die wenigen kalkliebenden Arten)

Kalksteinsand kann man gut mit Hilfe einiger Tropfen Essig oder einer anderen sauren Lösung erkennen. Träufelt man die Säure auf Kalksand, entwickelt sich ein Gas, man kann also ein Aufschäumen beobachten.

Die oben erwähnten Ingredentien werden in den unterschiedlichsten Verhältnissen gemischt oder einzeln als Substrat verwendet (z. B. *Cephalotus* in reinem Torf). Eine gute Mischung für viele karnivore Pflanzen besteht aus:

1 Volumen/Teil *Sphagnum* Torf-Moos
und
1 Volumen/Teil Sand.

Man sollte jedoch nicht vergessen, daß kleinere Pflanzen oft von lebenden *Sphagnum* überwuchert werden. In diesem Falle kann man entweder auf andere Substratmischungen zurückgreifen oder das *Sphagnum* mechanisch (mit einer Schere) kurz halten.

Substratmischungen sind vor Gebrauch immer zu wässern. Normalerweise reicht ungefähr eine Stunde. Am besten füllt man die Pflanzgefäße und setzt sie dann in eine Wanne mit Wasser. Das Wasser wird schnell vom Substrat angenommen und man wird feststellen, daß das Wannenwasser sogar des öfteren nachzufüllen ist. Diese Prozedur ist vor allem wichtig, wenn man getrocknetes Moos für die Substratmischung verwendet. Trockenes *Sphagnum* nimmt nur langsam Wasser auf. Daher sollte man es am besten vorab in einem mit Wasser gefüllten Eimer durchkneten bis es genügend Wasser aufgenommen hat. Eine andere gute Methode ist das Moos in einen Kunststoffbeutel zu geben, den Beutel halb mit Wasser zu füllen, zu verschließen und dann durchzukneten.

Weitere wichtige Hinweise auf das geeignete Substrat ergeben sich aus der Kenntnis der natürlichen Wuchsform. Die verschiedenen Arten des Pflanzenwachstums entsprechen spezifischen Anpassungen an bestimmte Lebensbedingungen. Allerdings sind diese Wuchsformen nicht immer ganz genau zu differenzieren. Grundsätzlich kann man jedoch zwischen folgenden Anpassungsformen unterscheiden:

Saprophyten

Dies sind Pflanzen, die auf oder in totem, organischem Material wachsen. Sie sind in der Lage, ihren Nährstoffbedarf dem Substrat zu entnehmen. Diese Pflanzen zeigen einen sekundären Blattgrünverlust, d. h., sie bringen kein Blattgrün (Chlorophyll) mehr hervor, da die Notwendigkeit der Nährstoffproduktion über die Photosynthese nicht mehr vorhanden ist. Saprophyten gibt es bei vielen Pflanzenfamilien und – obwohl bisher keine bekannt sind – sicherlich auch bei den Karnivoren.

Aquatische Pflanzen

Diese Wuchsform ist recht einfach zu erklären: Es sind Pflanzen, die sich im Wasser einen Lebensbereich erschlossen haben, in einer Entwicklung, die Millionen von Jahren dauerte. Das Ergebnis dieser Evolution waren spezifische Merkmale, wie Schwimmblasen, schwimmfähige Pollen und Samen u. a.

Terrestrisch wachsende Pflanzen

Diese Gruppe bereitet – nicht nur bei den karnivoren Pflanzen – die meisten Probleme. Im allgemeinen wird der Begriff „terrestrisch" für alle bodenständigen Pflanzen verwendet. Das ist jedoch falsch. Nur die Pflanzen, die ihr Wurzelwerk in dem **gewachsenen Boden** verankern und speziell die, die in irgendeiner Jahreszeit bis auf die unterirdischen Organe zurückgehen, um erst in einer neuen Wachstumsperiode neue oberirdische Pflanzenteile hervorzubringen, sollten als terrestrisch angesehen werden. Viele Karnivoren aber, die **am Boden wachsen**, wurzeln in Wirklichkeit nicht im Boden, sondern in Anhäufungen von heruntergefallenen Zweigen und sonstigem Pflanzendebris und sollten daher eigentlich als Humusepiphyten bezeichnet werden. Sicherlich sind die Grenzen zwischen diesen Wuchsformen, zumindest bei einem Teil der Pflanzen, fließend. Es könnte auch sein, daß Humusepiphyten lediglich ein Zwischenstadium auf dem Weg zu saprophytischem Wachstum darstellen.

Epiphyten

Das Epiphytentum hat, im Gegensatz zu der weit verbreiteten Meinung, nichts mit Parasitismus zu tun. Ein Epiphyt ist eine Pflanze, die eine andere Pflanze als „Unterlage" benutzt, ohne dieser Wirtspflanze in irgendeiner Form zu schaden. Auch mit einer Symbiose hat dies nichts zu tun. Man unterscheidet verschiedene Formen des Epiphytentums je nach „Unterlage". Die meisten Epiphyten besiedeln Baumteile, aber auch Steine und andere Pflanzen kommen als „Unterlage" in Frage. Die bereits oben erwähnten Humusepiphyten wachsen auf totem Pflanzenmaterial.
Als Lithophyten bezeichnet man Pflanzen, die auf Steinen wachsen. Viele dieser Lithophyten wachsen nur auf den ersten Blick „auf dem Felsen". Bei näherem Hinsehen wird man feststellen, daß ihre Wurzeln oft in Humusansammlungen in Senken und Spalten von Felsen hineinragen. Wo das nicht der Fall ist, wird man zwischen den Pflanzen und der Gesteinsunterlage eine Moos- und/oder Flechtenschicht feststellen können. Die „Lithophyten" - zumindest die meisten von ihnen – sind also eigentlich auch Humusepiphyten.

Pflanzgefäße

Die Pflanzgefäße sind grundsätzlich so zu wählen, daß das Wurzelsystem genügend Platz hat. Daher kann ein Pflanzgefäß für eine karnivore Pflanze niemals zu groß sein. Man sollte aber bedenken, daß große Gefäße viel Platz im Kulturraum beanspruchen. Viele Kultivateure bringen eine Drainageschicht aus Scherben oder Kieselsteinen im unteren Teil des Pflanzgefäßes an. Andere wiederum haben bessere Erfahrungen ohne eine solche Schicht. Die Gefäße werden immer bis ca. 2 cm unter dem Rand mit Substrat gefüllt. In das Substrat wird eine Senke geformt, die neue Pflanze wird darin eingebettet und das sie umgebende Substrat anschließend sanft angedrückt.

Cephalotus follicularis in Kultur beim Autor

Nach dem Eintopfen sind die Pflanzen tüchtig zu wässern. Während der ersten zwei bis drei Wochen werden die neu getopften Pflanzen schattig, aber bei sehr hoher Luftfeuchte gehalten. Danach können sie „normal" weiterkultiviert werden.

Eine Sondermethode wird bei mir für *Cephalotus* angewandt. Die Pflanze läßt sich gut im reinen Torf kultivieren und steht in einem 12er Kunststofftopf. Durch das Drainageloch ist ein Docht eingeführt. Der Topf ist in einen passenden, durchsichtigen zweiten Kunststofftopf gesteckt, wobei die Größenverhältnisse so gewählt wurden, daß sich die zwei Töpfe dicht ineinander schieben, am Boden aber ein ca. 1,5 cm hoher „Hohlraum" verbleibt. Dieser ist immer mit Wasser gefüllt. Die Pflanze wird sonst nicht gegossen, weil die *Cephalotus*-Kannen schnell absterben, wenn sie von oben Wasser bekommen. Solange man zwischen den Kunststofftöpfen immer genügend Wasser hält, bleibt das Pflanzensubstrat durch Sogwirkung immer ausreichend feucht. Diese Methode, angewandt in einem passenden Gewächshaus mit entsprechender Luftfeuchte, dürfte für *Cephalotus* ideal sein.

Düngung

Auch die Düngung wird verschieden gehandhabt. Während einige Kultivateure und auch der Verfasser nie düngen, wird andernorts oft Dünger verwendet. Wenn aber überhaupt gedüngt wird, sollte man mit sehr niedrigen Konzentrationen von anorganischen Düngemitteln arbeiten. Eine Überdüngung führt sehr leicht zum Verlust der Pflanzen.

An dieser Stelle muß auch noch einmal auf die „Fütterung" der karnivoren Pflanzen eingegangen werden. Bereits am Anfang dieses Buches wurde darauf hingewiesen, daß die Fähigkeit der karnivoren Pflanzen tierische Produkte aufzunehmen, eine Anpassung an die extrem nährstoffarmen Heimatböden ist. Obwohl die bei der Kultur verwendeten Substrate auch nährstoffarm gehalten werden, sind sie immer noch viel nährstoffreicher als die natürlichen Arealböden. Aus diesem Grunde ist eine Fütterung der karnivoren Pflanzen in Kultur meines Erachtens barer Unsinn. Trotzdem möchte ich hier nicht verschweigen, daß einige

Sarracenia flava und *Sarracenia purpurea* in voller Blüte bei Firma E. Maier

Kultivateure zumindest einen Teil ihrer karnivoren Pflanzen sehr wohl „füttern", und behaupten, hierdurch ein besseres Wachstum zu erzielen. *Aldrovanda*, *Genlisea* und *Utricularia* werden meistens mit *Protozoa* (Einzeller) und kleinen Würmern (Fischerfutter aus Zoohandlungen) gefüttert. Es sei deshalb hier noch einmal darauf aufmerksam gemacht, daß die Fangblätter oder „Tentakel" mehrerer Karnivoren nach einer relativ begrenzten Zahl von Fangbewegungen absterben.

Kulturräume

Freilandkultur

Wer das Glück hat einen ausreichend großen Garten zu besitzen, kann ein künstliches Moor anlegen und die in unseren Breiten wachsenden karnivoren Pflanzen im Garten kultivieren. Der Standort sollte so gewählt werden, daß zumindest 5 Stunden direkte Sonneneinstrahlung gewährleistet sind. Falls nicht das ganze Jahr über mit ausreichenden Niederschlägen zu rechnen ist, sollte das Wasserniveau anderweitig hoch gehalten werden. Gegen zu starken Windeinfluß schützt man das „Moor" rundum durch Begleitvegetation. Gleichzeitig ist damit für genügend Schatten gesorgt. Eine Holzkonstruktion oder ein Gartenhäuschen bewirken dasselbe und sorgen ferner für den Schutz der Pflanzen gegen zu starke Regeneinwirkung.

Das Moor selbst besteht aus einer Wanne, die mindestens 15, besser aber ca. 30 cm tief sein sollte. „Mörtelwannen" oder „Kinderplantschbecken" sind sehr geeignet, aber jeder Kunststoff- oder Holzbehälter, der Wasser halten kann, ist ebenso brauchbar. Der Behälter wird so tief eingegraben, daß sein oberer Rand sich ca. 3 cm unter der Erdoberfläche befindet. Ungefähr auf halbem Wege wird in der Behälterwand ein Drainageloch (ungefähr 5 mm im Durchmesser) angebracht. Durch dieses Loch kann das überflüssige Wasser abfließen, ohne unser künstlich geschaffenes „Grundwasser" zu senken.

Man kann das Moor aber auch in Elefantenfolie betten. Die Folie sollte so dick sein, daß sie durch Steinchen nicht aufgerissen werden kann. Notfalls ist die Folie doppelt zu verwenden. Bei steinigem Pflanzstoff ist es angebracht, eine Lage *Sphagnum* zwischen Folie und Pflanzstoff zu schichten. Die Folie wird über die Erdgrube gelegt. Sie sollte so groß geschnitten sein, daß sie ca. 50 cm (oder sogar mehr) über den Grubenrand hinausragt. Langsam wird Substrat auf die Folie gelegt. Mit zunehmendem Gewicht zieht sie sich nach unten und nimmt die Form des Loches an. Auch hier ist das seitliche Drainageloch nicht zu vergessen.

Der Behälter oder die Folienmulde wird mit nassem Substrat gefüllt und mindestens zwei Tage unberührt gelassen. Während dieser Zeit setzt sich das Substrat und saugt sich mit Wasser voll. Bei Folienwannen wird danach der überstehende Teil abgeschnitten. Weiteres Substrat wird aufgefüllt, bis das Niveau des „Moores" gleich der Erde oder etwas höher als die Umgebung ist. Dies entspricht den natürlichen Bedingungen.

Das Moor wird graduell bepflanzt. Die höchsten Pflanzen nach hinten, die niedrigsten nach vorne, wobei die Sonnenseite als Vorderseite zu betrachten ist. Man sollte diese Pflanzordnung aber nicht zu stur beibehalten. Am schönsten ist es, wenn die Pflanzen, entsprechend den natürlichen Bedingungen, in kleinen Gruppen stehen, und wenn auch mal eine etwas höhere Pflanze zwischen den niedrigen steht. Die Pflanzen, die es etwas kühler haben wollen, wie *Darlingtonia* oder *Sarracenia purpurea*, werden an die schattigsten Stellen gesetzt. Man kann entweder die Pflanzen direkt im Moor pflanzen oder sie in Töpfen belassen und samt diesen im Moor einbringen. Letztere Methode empfiehlt sich vor allem für Pflanzen, die im Sommer zwar draußen im Moorbiotop gesetzt werden, im Winter aber anderswo untergebracht werden.

Nach der Bepflanzung mit den Karnivoren wird an einigen Stellen *Sphagnum* angepflanzt. Hier ist zu beachten, daß *Sphagnum* unter den richtigen Bedingungen sehr schnell wächst und die Gefahr besteht, daß die Karnivoren überwuchert werden.

Falls das Moorbiotop auch aquatischen Karnivoren als Lebensraum dienen soll, kann ein Wassereimer „eingelassen" werden. Ein grüner Eimer, der geschickt verarbeitet wird, stört optisch kaum wenn er mit dem Oberrand etwas unter der Substratoberfläche sitzt. Ungefähr 7 bis 10 cm unterhalb der Oberkante wird ein Loch in den Eimer gebohrt. Dies ist sehr wichtig, da sonst die Pflanzen bei starkem Regenfall weggespült werden könnten. Den Eimer füllt man mit ungefähr 5 cm Substrat. Nun wird das Wasser eingelassen und der pH-Wert richtig eingestellt (erkundigen Sie sich genau über die Bedürfnisse der Pflanzen, die Sie kultivieren wollen). Sobald das Wasser wieder klar ist, können die Pflanzen eingebracht werden. Da Moorbiotope auch bei Schnecken beliebt sind, sollte man die entsprechenden Vorsichtsmaßnahmen ergreifen und regelmäßig „Sammelaktionen" veranstalten.

In unseren Breiten kann man Moorbeete im allgemeinen auch den Winter über belassen, indem man sie 30 bis 50 cm dick mit Stroh, Moos oder Heu abdeckt. Faulende Tannen- und/oder Fichtennadeln sorgen für den Erhalt des Säuregrades.

Zimmerkultur

Aus den verschiedensten Gründen werden Pflanzen im Wohnzimmer oder anderen Innenräumen „gehalten". Ich spreche hier von „halten", da Pflanzen, die in „Zimmerkultur" gehalten werden sollen, oft bereits beim Kauf zum Tode geweiht sind. Leider ist es so, daß gerade Anfänger, die sich keine speziellen Kulturräume leisten können oder wollen, auf die Zimmerkultur zurückgreifen. Dabei ist eine Zimmerkultur nur dann erfolgversprechend, wenn man über die Pflanzen sehr gut Bescheid weiß. Je nach Aufwand unterscheidet man zwischen offener Zimmerkultur (sehr oft ist dies mit Fensterbankkultur gleichzusetzen) und der Zimmerkultur in geschlossenen Vitrinen. Da auch Aquarien im allgemeinen im Zimmer stehen, wird die Aquarienkultur hier ebenfalls abgehandelt.

Offene Zimmerkultur

Das Kultivieren von Karnivoren (und anderen Wildpflanzen) auf der Fensterbank ist sehr schwierig und wenig erfolgversprechend. In den meisten Fällen sind unsere Wohnräume zentral beheizt; das führt zu einer relativ trockenen Raumluft. Ein Wohnzimmer auf eine Luftfeuchtigkeit von 70 bis 80 % zu bringen ist zwar möglich, jedoch kaum ratsam. Abgesehen davon, daß eine derart hohe Luftfeuchtigkeit bei vielen Menschen Atmungsschwierigkeiten hervorrufen würde, fördert sie auch die Schimmelbildung, was zu beträchtlichen Sachschäden führen kann. Eine weitere Schwierigkeit ergibt sich bei der offenen Zimmerkultur durch die relativ hohen Raumtemperaturen im Winter. Gerade wenn es die Pflanzen kühl haben wollen, wollen wir es warm. Das Fazit ist, daß die offene Zimmerkultur nur als kurzfristige Zwischenlösung zu empfehlen ist.
Die Erfahrung zeigt, daß viele Liebhaber, die ihr Hobby in offener Zimmerkultur anfangen, dieses früher oder später auf geeignetere Kulturräume ausdehnen.

Geschlossene Zimmerkultur

Hier sehen die Möglichkeiten schon ganz anders aus. Wenn man aus irgendwelchen Gründen kein Gewächshaus betreiben kann oder darf, karnivore Pflanzen aber dennoch unter vernünftigen Bedingungen kultivieren will und genügend große Räumlichkeiten zur Verfügung hat, so kann man auf eine sogenannte Zimmervitrine zurückgreifen. Geeignete Zimmervitrinen sind bei einer Reihe von Gewächshausbauern zu beziehen. Allerdings sind sie kostspielig. Grundsätzlich gilt für die Vitrine was unten für das temperierte und warme Gewächshaus zu sagen ist. Es ist aber oft angebracht, für Zusatzbeleuchtung zu sorgen. Die Temperaturen in der Vitrine sollten über ein vom Zimmer unabhängiges Heizungssystem gesteuert werden. Wie bei den Gewächshäusern ist es ratsam, ein oder mehrere Zerstäuber anzubringen, die, über einen Hygrostaten gesteuert, für die notwendige Luftfeuchte sorgen. Alpine Pflanzen, die sich für das Kalthaus eignen, sollte man in der Zimmervitrine nicht kultivieren, da eine Abkühlung des Kulturraumes nur in den seltensten Fällen ohne Beeinträchtigung des Wohnklimas durchzuführen ist. Grundsätzlich sei gesagt, daß Vitrinenbesitzer sich auf die Kultur von Pflanzen aus einem einzigen Klimabereich spezialisieren sollten. Unter dieser Voraussetzung können jedoch – mit etwas Fantasie – alle Wuchsformen, von aquatisch bis epiphytisch, in einer solchen Vitrine untergebracht werden.
Um eine Pflanzenvitrine wohnzimmergemäß in „gutem, ansehlichem Zustand“ zu halten, bedarf es ausgiebiger und ständiger Pflege. Alle Pflanzen, die in temperierten und warmen Gewächshäusern kultiviert werden können, gedeihen auch in der entsprechend vorbereiteten und gepflegten Vitrine.

Aquarium

Wenn man sich auf aquatische Pflanzen beschränken will, kann man diese ohne weiteres im Aquarium auch im Wohnzimmer halten. Die Pflege hält sich hier in Grenzen. Man sollte aber die Wasserqualität und -temperatur ständig überwachen. Aquarien kann man auch zu Terrarien umfunktionieren.

Gewächshauskultur

Die Kultur der karnivoren Pflanzen, vor allem derjenigen, die aus fremden Klimabereichen stammen, erfolgt am besten im Gewächshaus. Naturgemäß ist der Anfangsaufwand bei der Gewächshauskultur größer, aber wird letztendlich durch Erfolg belohnt. Zur Anschaffung eines Gewächshauses gehört auch eine entsprechende Innenausstattung, wie Sprühanlage, Temperatur- und Luftfeuchte-Überwachungssystem, Schattierungssystem, Belüftungssystem etc. Daher sollte man sich bei begrenzten Mitteln lieber nach dem Motto „klein aber fein“ richten.

Große Gewächshäuser haben wiederum den Vorteil, daß man sie ohne weiteres in „Klimabereiche“ unterteilen kann. Bei kleineren Gewächshäusern ist das oft nicht oder nur eingeschränkt der Fall. Daher sollte man sich vor einem Kauf genau überlegen, welche Ziele man verfolgt und sich gegebenenfalls beim Kauf der Pflanzen von Anfang an spezialisieren.

Nach „Klimabereichen“ gliedert man die Gewächshäuser in drei Kategorien, die die folgende Tabelle zusammenfaßt.

Die Auswahl der einzelnen Pflanzen für die Kulturbereiche ist nicht immer einfach. Grundsätzlich ist es empfehlenswert, beim Kauf einer Pflanze zu erfragen, aus welcher Gegend sie importiert wurde. Vor allem bei Arten, die in unterschiedlichen Gegenden der Erde vorkommen, können die Kulturbedingungen recht unterschiedlich sein. Bei vielen tropischen Gebirgspflanzen ist es so, daß der Standort tagsüber bis zu 40 °C (oder mehr) aufgeheizt wird, die Nachttemperaturen aber bis auf den Gefrierpunkt (oder darunter) absinken. Solche Pflanzen gehören also tagsüber ins Warmhaus und nachts ins Kalthaus. Nur wird kaum jemand diesen Aufwand betreiben wollen, man wird eher einen Mittelweg suchen. Erfreulicherweise sind nur wenige der Karnivoren auf eine solch ausgefallene Kultur angewiesen.

Die folgende Höhenlagentabelle gibt Richtwerte der notwendigen Kulturtemperaturen für Tropenpflanzen. Es sei allerdings davor gewarnt, diese Werte absolut zu setzen! Außerdem werden wohl nur wenig Händler in der Lage sein, entsprechend genaue Herkunftangaben über die Pflanzen zu machen.

Es gilt also, was bereits mehrmals dargelegt wurde. Jeder muß die „Detailabstimmung“ seiner Kultur im Einklang mit seinen Möglichkeiten vornehmen und allerdings auch seine Kulturgrenzen erkennen. Im Anhang 2 sind alle Arten der karnivoren Pflanzen aufgeführt, die bisher wissenschaftlich beschrieben worden sind. Dort, wo die entsprechenden Informationen vorliegen, ist die Herkunft, die Wuchsform und der vorgeschlagene Kulturbereich angeführt.

Temperaturen im	Sommer	Winter
Kalthaus	13 bis 32 °C	1 bis 7 °C
Temperiertes Gewächshaus	18 bis 32 °C	7 bis 20 °C
Warmhaus	18 bis 35 °C	10 bis 20 °C

Höhenlage	Temperatur	
	Maximum	Minimum
0 bis 300 m	29 °C	24 °C
300 bis 1000 m	24 °C	21 °C
1000 bis 1800 m	22 °C	15 °C
über 1800 m	20 °C	13 °C

Vermehrung

Die Vermehrung von Blütenpflanzen (und somit auch der Karnivoren) kann grundsätzlich auf zwei unterschiedlichen Wegen erfolgen. Einerseits kann man die Pflanzen geschlechtlich – über Saat –, andererseits vegetativ – durch Teilung oder über die Meristemkultur – vermehren. Beide Methoden haben Vor- und Nachteile und verlangen einen ganz unterschiedlichen Aufwand.

Generative Vermehrung

Bei allen Blütenpflanzen kann man Samen ernten. Die Samen werden von der Pflanze nach einer erfolgreichen Bestäubung hervorgebracht. Die Bestäubung erfolgt in der Natur im allgemeinen durch Wind, Wasser oder einen tierischen Bestäuber (vor allem Insekten). Andere Blütenpflanzen haben sich auf Selbstbestäubung spezialisiert. Soweit bekannt, werden alle karnivoren Pflanzen durch Insekten bestäubt. Die Bestäubung erfolgt durch den Transfer der Pollen auf die Narbe. Falls sie erfolgreich verläuft und der Pollen mit der Mutterpflanze kompatibel ist (viele Blütenpflanzen lassen sich nicht mit ihren eigenen Pollen bestäuben), wird Saat ausgebildet. Die reife Saat wird entweder geerntet und kontrolliert auf ein Aussaatsubstrat gebracht, oder man läßt die Kapsel normal „ausreifen“, so daß die Saat sich automatisch auf das Kultursubstrat der Mutterpflanze verteilt.

Die Saatkeimung erfolgt oft nur, wenn besondere Bedingungen vorhanden sind. So braucht die Saat der Arten, die eine deutliche Winterruhe bei niedrigen Temperaturen haben, oft eine Frostperiode, um keimfähig zu werden. Die natürliche Frostperiode kann in Kultur durch eine Lagerung im Kühlschrank ersetzt werden.
Grundsätzlich werden die Kultivateure, die eine Saatvermehrung durchführen, über die Kulturbedürfnisse ihrer Pflanzen Bescheid wissen und die entsprechende Aussaatmethode wählen.
Am einfachsten ist es, die Saat auf das Substrat der Mutterpflanze zu bringen und der Natur ihren freien Lauf zu lassen. Eine andere Methode, die aber mehr Aufwand bedarf, ist das gezielte Aussäen auf Substraten, die eigens für diese Vermehrung vorbereitet wurden. Dies erfordert zwar mehr Arbeit, ist aber im allgemeinen, was die Zahl der zu erwartenden Sämlinge anbelangt, erfolgreicher.
Eine gezielte und kontrollierte Saatvermehrung umfaßt auch mindestens einen Pikiervorgang: Die Sämlinge werden in geeigneter Zahl in einen Gemeinschaftstopf umgesetzt. Je nach Art ist außerdem später noch ein Umpflanzvorgang notwendig, wobei die Jungpflanze einzeln in ihre endgültigen Kulturbehälter gesetzt werden. Die Saatvermehrung hat den Vorteil, daß es sich um einen „normalen" Vorgang handelt, wie er auch in der freien Natur vorkommt. Aufgrund der normalen genetischen Gegebenheiten (Vermischung der Genpole der unterschiedlichen Elternteile) wird eine natürliche Variation erzeugt, die sich womöglich in Unterschieden im Aussehen der Pflanzenteile (nicht unbedingt der Blüte) widerspiegelt. Ein weiterer Vorteil liegt im relativ geringen Arbeitsaufwand. Für den gewerblichen Kultivateur liegt der Vorteil dieser Methode darin, daß er einerseits durch Kreuzung zweier Pflanzen eine Art neue „Variante" erzielen kann, wobei er dann die „verkaufsfähigsten" auswählen kann. Weiter können auf diesem Wege auch sogenannte Gattungshybriden oder Kreuzungen zwischen Arten, die in der Natur weit voneinander getrennt leben, erzielt werden, obwohl der Sinn solcher Aktivitäten zumindest bei den Botanikern sehr umstritten ist, vor allem, wenn man auf dem Standpunkt steht, daß der Mensch nicht unnötig in die Natur eingreifen sollte.

Der Nachteil der Saatvermehrung besteht darin, daß man oft mehrere Pflanzen für die erfolgreiche Saaterzeugung braucht, und daß man kaum vollständig identische Pflanzen erhalten kann. Auch kann die Saat verpilzen oder durch widrige Witterungsbedingungen nicht zur Keimfähigkeit gelangen.

Vegetative Vermehrung

Unter vegetativer Vermehrung versteht man in erster Linie eine **physische Teilung** der Mutterpflanze. Der Hobby-Kultivateur wird dies meistens erreichen, indem er größere Pflanzen während des Umtopfens einfach vorsichtig auseinanderreißt oder das Rhizom zerschneidet. Hierzu sind einige Bemerkungen zu machen. Pflanzen, die geteilt werden, sei es durch Reißen oder durch Schneiden, haben eine „Wunde". Diese ist naturgemäß eine potentielle Ansatzstelle für Infektionen, sei es durch Pilze, durch Fäulnisbakterien oder durch Pflanzenviren. Daher sollten die Bruch- oder Schnittstellen immer mit einem entsprechenden Mittel (Fachhandel) behandelt werden. Beim Schneiden sollte darauf geachtet werden, daß das Schneidewerkzeug (Messer, Rasierklinge etc.) nach der Behandlung **einer jeden Pflanze** desinfiziert wird um zu verhindern, daß ein eventuell vorhandener Pflanzenvirus übertragen wird. Die Desinfektion ist einfach: Man stellt einen kleinen Topf mit 70 % Alkohol auf die Arbeitsfläche und in sicherem Abstand dazu eine brennende Kerze. Nach jedem Schneidevorgang taucht man das Werkzeug in den Alkohol und flammt es anschließend kurz ab.

Diese Vermehrungsmethode ist bei weitem die einfachste. Trotz des geringen Aufwands hat sie aber den Nachteil (?), daß nur eine kleine Anzahl von neuen Pflanzen gewonnen wird.

Eine andere Methode der vegetativen Vermehrung ist die **Stecklingsvermehrung**. Hierzu werden am besten Laubblätter samt Blattstiel von der Mutterpflanze abgeschnitten. Mit einem (desinfizierten) Schneidewerkzeug wird ein Längsschnitt durch den Blattstiel bis hinauf zu ungefähr 1/3 der Blattspreite geführt. Das so behandelte Blatt wird dann in *Sphagnum* oder feucht gehaltenes Kultursubstrat eingebettet. An der Schnittstelle entstehen Jungpflanzen. Auch diese Methode ist ziemlich einfach anzuwenden, hat aber auch den Nachteil, daß nur eine begrenzte Vermehrungsrate erzielt werden kann (obwohl diese hier um ein Vielfaches höher ist als bei der einfachen „Teilung").

Die dritte vegetative Vermehrungsmethode ist die **Meristemkultur**. Diese beruht auf der Tatsache, daß alle Pflanzen während ihres gesamten Lebenzyklus über ein sogenanntes undifferenziertes Gewebe (Meristemgewebe) verfügen. Die Zellen dieses Gewebes sind auf keine Form oder Funktion festgelegt. Dies bedeutet, daß man aus jeder einzelnen Meristemzelle eine vollständige Pflanze „erzeugen" kann. Dies bedarf aber eines sehr großen Aufwands und ist für den Liebhaber kaum geeignet.

Ein Teil eines Meristems wird unter sterilen Bedingungen (im Speziallabor) der Pflanze entnommen (meistens nimmt man hierzu ein Längenwachstumsmeristem, auch Apikalmeristem genannt, aus einem Jungtrieb), zerkleinert es und bringt es – immer noch unter sterilen Bedingungen – in ein geeignetes Kulturmedium ein. Die Kultur wird nun auf einem Meristemrad so lange „gedreht" oder auf einem Rüttelapparat so lange behandelt, bis man eine entsprechende Vermehrung der Meristemzellen angeregt hat. Die entstandenen „Protokorme" werden nun auf einen sterilen Festboden gebracht und „in vitro" (also in der Flasche) bis zur Jungpflanzengröße kultiviert. Hiernach erfolgt ein weiterer kritischer Kulturschritt. Die Jungpflanze muß aus ihrer sterilen Umgebung in eine natürliche Umgebung überführt werden.
Der Vorteil dieser Methode besteht darin, daß man aus einer Pflanze theoretisch unendlich viele Millionen vollständig identische Pflanzen erzeugen kann. Abgesehen von den lukrativen Verkaufszahlen, kann man somit eine Pflanze mit besonderen Eigenschaften, z. B. mit einer bestimmten Blütenfarbvariante, gezielt vermehren, was bei der Saatvermehrung nicht möglich ist. Ein weiterer Vorteil liegt eben darin, daß man nur **eine** Pflanze für die Vermehrung braucht, wobei man bei der Saatvermehrung oft **zwei** unterschiedliche Elternpflanzen (einen Pollenspender und eine Mutterpflanze) benötigt. Der Nachteil zur Samenvermehrung liegt darin, daß man keine neuen Varianten (also auch keine neuen Blütenfarben) züchten kann. Weiterhin ist sicherlich bei der Beschreibung klar geworden, daß die Meristemkultur des Aufwandes wegen, nur in kommerziellen Gartenbaubetrieben (dort sogar nur in Spezialbetrieben) oder in landwirtschaftlichen Instituten durchgeführt werden kann, also für den Pflanzenliebhaber kaum in Frage kommt.

Als Fazit bleibt daher festzuhalten, daß der interessierte Pflanzenliebhaber gut daran tut, auch kulturmäßig „nicht zu den Sternen greifen zu wollen". Die Erfolgserlebnisse bei der Vermehrung in Kultur stellen sich erst allmählich ein. Versuchen Sie deshalb gute Kulturbedingungen für Ihre Pflanzen zu schaffen und diese bei entsprechender Größe einfach zu teilen. Auf diese Weise wird Ihr Bestand immer groß genug bleiben, und sie werden genug Material haben, um an Tauschaktionen „unter Kollegen" teilzunehmen. Überlassen Sie die „Massenvermehrung" denen, die sich darauf spezialisiert haben. Sie werden sich viel Geld und noch mehr Kummer ersparen.

Anhang 1
Gattungen und ihre Verbreitung

Gattung	Verbreitung
Aldrovanda	Omnipräsent
Biovularia	Ungeklärt
Brocchinia	Südöstliches Venezuela und Guayana
Byblis	Westliches Australien, Neu Guinea
Catopsis	Südliches Florida bis südöstliches Brasilien
Cephalotus	Extremer Südwesten Australiens
Darlingtonia	Nördliches Kalifornien, südliches Oregon (USA)
Dionaea	Nord- und Südcarolina (USA)
Drosera	Omnipräsent, aber fast die Hälfte der Arten als Endemiten im Südwesten Australiens
Drosophyllum	Marokko, Portugal und Spanien
Genlisea	Brasilien, Guayana, Surinam, Französisch-Guayana, Kuba, Westafrika
Heliamphora	Brasilien, Guayana, Venezuela
Ibicella	Südliches USA und Mexiko
Nepenthes	Östliche Tropen und nach Westen bis Ceylon, den Seychellen und Madagaskar
Pinguicula	Omnipräsent
Polypompholyx	Tropisches Australien und Südamerika
Sarracenia	Östliches Nordamerika
Triphyophyllum	Sierra Leone, Liberia und Südwesten der Elfenbeinküste
Utricularia	Omnipräsent

Karnivore Pflanzen sind auf allen Kontinenten der Erde (möglicherweise mit Ausnahme der Antarktis) zu finden. Einige Gattungen sind auf einen Kontinent oder einen Teilkontinent begrenzt, was darauf hindeutet, daß sie sich nach dem Auseinanderbrechen der Urkontinente gebildet haben. Andere Gruppen findet man über mehrere Kontinente verstreut. Karnivore Pflanzen sind in extremen Lebensräumen beheimatet, sei es in unseren Mooren, sei es in der Abgelegenheit der Urwälder. Da diese Habitate akut gefährdet sind, bedürfen auch die dort vorkommenden Arten eines intensiven Schutzes. Jeder Liebhaber, der eine Pflanze in Kultur nimmt, sollte sich seiner Verpflichtung gegenüber der Natur bewußt sein. Dazu gehört auch, daß man Pflanzen bei den Händlern kauft, die Pflanzen aus nachgewiesenen (nicht behaupteten) Saat- oder Meristemnachzuchten anbieten.

Anhang 2
Kulturanfordernisse im Überblick

Die Wuchsformen der fleischfressenden Pflanzen und die geeigneten Kulturräume sind in der anschließenden Zusammenstellung wie folgt abgekürzt:

WUCHSFORMEN:	A = Aquatisch	E = Epiphytisch	T = Terrestrisch
KULTURRÄUME:	F = Freilandkultur	A = Aquarium	
GEWÄCHSHAUSTYPEN:	KH = Kalthaus	TH = temperiertes Gewächshaus	WH = Warmhaus

Mit Fragezeichen (?) sind die Angaben versehen, die noch nicht durch ausreichende praktische Erfahrungen belegt sind.
Mit Doppelfragezeichen (??) sind Forschungslücken angegeben

ARTEN	HERKUNFT	WUCHSFORM	KULTURRAUM
Aldrovanda vesiculosa	Europa, Afrika, Japan, Südostasien, Australien	A	A
Biovularia brasiliensis	Brasilien	T (A?)	TH, WH
Biovularia cymbantha	Afrika	T (A?)	TH, WH
Biovularia minima	Brasilien	T (A?)	TH, WH
Biovularia olivacea	Antillen	T (A?)	TH, WH
Brocchinia cordylinoides	Guayana	T	TH, WH
Brocchinia gilmartiniae	Venezuela	T	TH, WH
Brocchinia hechtioides	Guayana	T	TH, WH
Brocchinia oliva-estevae	Venezuela	T	TH, WH
Brocchinia paniculata	Brasilien	T	TH, WH
Brocchinia plumierii	Antillen	T	TH, WH
Brocchinia reducta	Venezuela, Guayana	T (E??)	TH, WH
Byblis gigantea	Australien	T	TH
Byblis liniflora	Australien, Neuguinea	T	WH
Catopsis berteroniana	Nord- bis Südamerika, Antillen	E	WH
Cephalotus follicularis	Westaustralien	T	TH
Darlingtonia californica	USA (Oregon & Kalifornien)	T	F, TH

ARTEN	HERKUNFT	WUCHSFORM	KULTURRAUM
Dionaea muscipula	USA (Nord- & Südcarolina)	T	TH
Drosera acaulis	Afrika	T	TH
Drosera adelae	Australien	T	WH
Drosera admirabilis	Südafrika	T	TH
Drosera affinis	Afrika	T	WH
Drosera alba	Südafrika	T	TH
Drosera aliciae	Südafrika	T	TH
Drosera andersoniana	Australien	T	TH
Drosera androsacea	Australien	T	TH
Drosera anglica	Europa, Nordamerika, Japan	T	F, TH
Drosera arcturi	Australien, Neuseeland	T	TH
Drosera arenicola	Venezuela	T	
Drosera ascendens	Brasilien		
Drosera atra	Neuseeland		
Drosera auriculata	Australien, Neuseeland	T	TH
Drosera banksii	Australien	T	TH
Drosera barbigera	Australien	T	TH
Drosera bequaertii	Afrika (Zaire)		
Drosera binata	Australien, Neuseeland	T	TH
Drosera brevifolia	Nordamerika	T	F, TH
Drosera bulbigena	Australien	T	TH
Drosera bulbosa	Australien	T	TH
Drosera burkeana	Afrika	T	TH
Drosera burmannii	Asien, Australien	T	TH
Drosera calycina	Australien	T	TH
Drosera callistos	Westaustralien	T	
Drosera capensis	Südafrika	T	TH
Drosera capillaris	Nord- bis Südamerika	T	TH
Drosera cayennensis	Guayana, Brasilien		
Drosera cendeensis	Venezuela		
Drosera chiapasensis	Mexiko		
Drosera chrysolepis	Brasilien		
Drosera circinervia	Neuseeland		
Drosera cistiflora	Südafrika	T	TH
Drosera citrina	Westaustralien	T	
Drosera closterostigma	Westaustralien	T	
Drosera collinsiae	Südafrika	T	TH
Drosera colombiana	Kolumbien, Brasilien		
Drosera communis	Südamerika, Antillen	T	TH
Drosera compacta	Angola		
Drosera congolana	Afrika (Zaire)		
Drosera cuneifolia	Südafrika	T	TH
Drosera curvipes	Afrika, Madagaskar	T	TH
Drosera dichrosepala	Australien	T	TH
Drosera dielsiana	Südafrika		
Drosera dilatatopetiolaris	Australien	T	TH

ARTEN	HERKUNFT	WUCHSFORM	KULTURRAUM
Drosera drummondii	Australien	T	TH
Drosera echinoblasta	Südwestaustralien	T	TH
Drosera elongata	Angola		
Drosera eneabba	Südwestaustralien	T	TH
Drosera enodes	Südwestaustralien	T	TH
Drosera ericksonae	Südwestaustralien	T	TH
Drosera erythrogynee	Südwestaustralien	T	TH
Drosera erythrorhiza	Australien	T	TH
Drosera esmeraldae	Guayana, Venezuela		
Drosera falconeri	Australien	T	TH
Drosera felicaulis	Australien	T	TH
Drosera felix	Venezuela		
Drosera filicaulis	Australien	T	TH
Drosera filiformis	Nordamerika	T	TH
Drosera fimbriata	Westaustralien	T	
Drosera flabellata	Australien	T	TH
Drosera flagellifera	Neuseeland		
Drosera flexicaulis	Afrika	T	WH
Drosera gigantea	Südwestaustralien	T	TH
Drosera glabripes	Südafrika	T	WH
Drosera glanduligera	Australien	T	TH
Drosera graminifolia	Brasilien		
Drosera grandiflora	Südafrika	T	TH
Drosera graniticola	Südwestaustralien	T	TH
Drosera grievei	Südwestaustralien	T	TH
Drosera hamiltonii	Südwestaustralien	T	TH
Drosera helianthemum	Trop. Afrika		
Drosera helodes	Südwestaustralien	T	TH
Drosera heterophylla	Südwestaustralien	T	TH
Drosera hilaris	Südafrika	T	TH
Drosera hirtella	Brasilien		
Drosera huegelii	Südwestaustralien	T	TH
Drosera humbertii	Madagaskar	T	WH
Drosera hyperostigma	Südwestaustralien	T	TH
Drosera incisa	Kuba	T	TH
Drosera indica	Südafrika, Asien, Australien	T	TH
Drosera insolita	Zaire		TH
Drosera intermedia	Europa, Nord-, Zentral- und nördl. Südamerika	T	TH
Drosera kaieteurensis	Guayana, Trinidad, Venezuela		
Drosera katangensis	Zentralafrika		
Drosera lanata	Nordostaustralien	T	TH
Drosera leioblasta	Südwestaustralien	T	TH
Drosera leucoblasta	Südwestaustralien	T	TH
Drosera ligulata	Neuseeland		
Drosera linearis	Nordamerika	T	TH
Drosera loureirii	China	T	TH

ARTEN	HERKUNFT	WUCHSFORM	KULTURRAUM
Drosera lowriei	Südwestaustralien	T	TH
Drosera macloviana	Falkland Inseln	T	
Drosera macrantha	Südwestaustralien	T	TH
Drosera macrophylla	Südwestaustralien	T	TH
Drosera madagascariensis	Madagaskar, trop. Afrika	T	WH
Drosera makinoi	Japan	T	TH
Drosera mannii	Südwestaustralien	T	TH
Drosera marchantii	Westaustralien	T	TH
Drosera maritima	Brasilien		
Drosera menziesii	Südwestaustralien	T	TH
Drosera meristocaulis	Venezuela		
Drosera microphylla	Südwestaustralien	T	TH
Drosera microscapa	Südwestaustralien	T	TH
Drosera miniata	Südwestaustralien	T	TH
Drosera minutula	Neuseeland		
Drosera modesta	Südwestaustralien	T	TH
Drosera montana	Brasilien, Venezuela	T	TH
Drosera myriantha	Südwestaustralien	T	TH
Drosera natalensis	Südafrika	T	TH
Drosera neesii	Südwestaustralien	T	TH
Drosera neocaledonica	Neukaledonien		
Drosera nitidula	Südwestaustralien	T	TH
Drosera oblanceolata	China		
Drosera occidentalis	Westaustralien	T	TH
Drosera omissa	Südwestaustralien	T	TH
Drosera orbiculata	Südwestaustralien	T	TH
Drosera oreopodion	Südwestaustralien	T	TH
Drosera paleacea	Südwestaustralien	T	TH
Drosera pallida	Südwestaustralien	T	TH
Drosera panamensis	Panama		
Drosera parviflora	Brasilien	T	TH
Drosera parvula	Südwestaustralien	T	TH
Drosera pauciflora	Südafrika	T	TH
Drosera peltata	Australien, Neuguinea, Asien, Japan, Taiwan, Neuseeland	T	TH
Drosera penicillaris	Südwestaustralien	T	TH
Drosera petiolaris	Nordaustralien, Neuguinea	T	WH
Drosera pilosa	Kenia, Tansania	T	WH
Drosera planchonii	Südwestaustralien	T	TH
Drosera platypoda	Australien	T	TH
Drosera platystigma	Südwestaustralien	T	TH
Drosera polyneura	Neuseeland		
Drosera prolifera	Australien (Queensland)	T	WH
Drosera prostatoscaposa	Südwestaustralien	T	TH
Drosera pulchella	Südwestaustralien	T	TH
Drosera pumila	Brasilien		
Drosera pusilla	Venezuela		

ARTEN	HERKUNFT	WUCHSFORM	KULTURRAUM
Drosera pycnoblasta	Südwestaustralien	T	TH
Drosera pygmaea	Australien, Neuseeland	T	TH
Drosera radicans	Westaustralien	T	TH
Drosera ramellosa	Südwestaustralien	T	TH
Drosera ramentacea	Südafrika	T	TH
Drosera rechingeri	Südwestaustralien	T	TH
Drosera regia	Südafrika	T	TH
Drosera roraimae	Venezuela, Guayana, Brasilien	T	TH
Drosera roseana	Südwestaustralien	T	TH
Drosera rosulata	Südwestaustralien	T	TH
Drosera rotondifolia	Nördliche Halbkugel	T	TH
Drosera salina	Südwestaustralien	T	TH
Drosera sanariapoana	Venezuela		
Drosera sargentii	Südwestaustralien	T	TH
Drosera schizandra	Nordostaustralien	T	WH
Drosera scorpioides	Südwestaustralien	T	TH
Drosera sessilifolia	Brasilien, Guayana, Venezuela		
Drosera sewelliae	Südwestaustralien	T	TH
Drosera slackii	Südafrika		
Drosera sphathulata	Australien, Neuseeland Asien, Japan	T	TH
Drosera speciosa	Südafrika	T	TH
Drosera spilos	Südwestaustralien	T	TH
Drosera spiralis	Brasilien		
Drosera squamosa	Australien		
Drosera stenopetala	Neuseeland	T	TH
Drosera stolonifera	Südwestaustralien	T	TH
Drosera stricticaulis	Südwestaustralien	T	TH
Drosera subhirtella	Südwestaustralien		
Drosera subtilis	Nordaustralien	T	TH
Drosera tenella	Südamerika		
Drosera thysanosepala	Westaustralien	T	TH
Drosera tomentosa	Brasilien		
Drosera tracyi	Nordamerika		
Drosera triflora	Neuseeland		
Drosera trinerva	Südafrika		
Drosera tubaestylus	Südwestaustralien	T	TH
Drosera uniflora	Südamerika	T	TH
Drosera venusta	Südafrika		
Drosera villosa	Brasilien	T	TH
Drosera walyunga	Südwestaustralien		
Drosera whittakeri	östl. Australien	T	TH
Drosera zeyheri	Südafrika		
Drosera zonaria	Australien	T	TH
Drosophyllum lusitanicum	Marokko, Portugal, Spanien	T	F, TH
Genlisea africana	Trop. Afrika	A	TH, WH

ARTEN	HERKUNFT	WUCHSFORM	KULTURRAUM
Genlisea angolensis	Angola, Zaire	A	TH, WH
Genlisea aurea	Brasilien	A	TH, WH
Genlisea filiformis	Südamerika	A	TH, WH
Genlisea glabra	Venezuela	A	TH, WH
Genlisea glandulosissima	Sambia, Simbabwe	A	TH, WH
Genlisea guianensis	Guayana, Venezuela, Brasilien	A	TH, WH
Genlisea hispidula	Ost- und Südafrika	A	TH, WH
Genlisea lobata	Brasilien	A	TH, WH
Genlisea lutzenbergii	Brasilien	A	TH, WH
Genlisea margaretae	Madagaskar, Sambia, Tanzania	A	TH, WH
Genlisea pallida	Sambia, Angola	A	TH, WH
Genlisea pygmaea	Südamerika, Trinidad	A	TH, WH
Genlisea repens	Südamerika	A	TH, WH
Genlisea roraimensis	Guayana, Venezuela, Brasilien	A	TH, WH
Genlisea sanariapoana	Venezuela	A	TH, WH
Genlisea stapfii	Tropisches Afrika	A	TH, WH
Genlisea subglabra	Zentralafrika	A	TH, WH
Genlisea uncinata	Brasilien	A	TH, WH
Genlisea violacea	Guayana, Brasilien	A	TH, WH
Heliamphora heterotoxa	Guayana, Venezuela	T	TH
Heliamphora ionasi	Guayana, Venezuela	T	TH
Heliamphora macdonaldae	Guayana, Venezuela	T	TH
Heliamphora minor	Guayana, Venezuela	T	TH
Heliamphora neblinae	Brasilien, Venezuela	T	TH
Heliamphora nutans	Guayana, Venezuela	T	TH
Heliamphora tatei	Guayana, Venezuela	T	TH
Heliamphora tyleri	Guayana, Venezuela	T	TH
Ibicella lutea	Brasilien	T	TH
Ibicella nelsoniana	Brasilien	T	TH
Ibicella parodii	Argentinien	T	TH
Nepenthes adnata	Sumatra		
Nepenthes alata	Borneo, Malaysia, Sumatra, Philippinen, Molukken	T	TH
Nepenthes albomarginata	Borneo, Malaysia, Sumatra	T	WH
Nepenthes ampullaria	Borneo, Malaysia, Sumatra, Neuguinea	T	WH
Nepenthes anamensis	Indochina	T	TH
Nepenthes bellii	Philippinen	T	WH
Nepenthes bicalcarata	Borneo	T	WH
Nepenthes bongso	Sumatra	T	TH
Nepenthes borneensis	Borneo	T	TH
Nepenthes boschiana	Borneo	T	TH
Nepenthes burbidgeae	Borneo	T	TH
Nepenthes burkei	Philippinen	T	TH

ARTEN	HERKUNFT	WUCHSFORM	KULTURRAUM
Nepenthes campanulata	Borneo	T	TH
Nepenthes carunculata	Sumatra	T	TH
Nepenthes clipeata	Borneo	T	TH
Nepenthes deaniana	Philippinen	T	TH
Nepenthes decurrens	Borneo	T	WH
Nepenthes densiflora	Sumatra	T	TH
Nepenthes dentata	Sulawesi	T	TH
Nepenthes destillatoria	Sri Lanka	T	TH
Nepenthes dubia	Sumatra	T	TH
Nepenthes edwardsiana	Borneo	T	TH
Nepenthes ephippiata	Borneo	T	TH
Nepenthes eustachys	Sumatra	T	TH
Nepenthes eymae	Sulawesi, Borneo	T	TH
Nepenthes faizaliana	Borneo	T	TH
Nepenthes fallax	Borneo	T	TH
Nepenthes fusca	Borneo	T	TH
Nepenthes geoffrayi	Indochina	T	TH
Nepenthes glabrata	Sulawesi	T	WH
Nepenthes globamphora	Philippinen	T	WH
Nepenthes gracilis	Borneo, Malaysia, Sulawesi, Sumatra	T	WH
Nepenthes gracillima	Malaysia, Sumatra	T	TH
Nepenthes gymnamphora	Java, Sumatra, Borneo	T	TH
Nepenthes hamata	Sulawesi	T	WH
Nepenthes hirsuta	Borneo	T	TH
Nepenthes x hookeriana	Borneo, Sumatra, Malaysia	T	TH
Nepenthes inermis	Sumatra	T	TH
Nepenthes infundibuliformis	Sulawesi	T	TH, WH
Nepenthes insignis	Neuguinea	T	WH
Nepenthes kampotiana	Indochina	T	WH
Nepenthes khasiana	Indien	T	TH
Nepenthes klosii	Neuguinea	T	TH
Nepenthes leptochila	Borneo	T	TH
Nepenthes lowii	Borneo	T	TH
Nepenthes macfarlanei	Malaysia	T	TH
Nepenthes macrovulgaris	Borneo	T	TH
Nepenthes madagascariensis	Madagaskar	T	TH
Nepenthes mapulensis	Borneo	T	TH
Nepenthes masoalensis	Madagaskar	T	TH
Nepenthes maxima	Borneo, Molukken, Neuguinea, Sulawesi	T	TH
Nepenthes melamphora	Java	T	WH
Nepenthes merilliana	Philippinen, Sulawesi	T	WH
Nepenthes mirabilis	Trop. Asien bis Südchina	T	WH
Nepenthes mollis	Borneo	T	TH
Nepenthes muluensis	Borneo	T	TH
Nepenthes neglecta	Borneo	T	WH

Nepenthes rafflesiana

ARTEN	HERKUNFT	WUCHSFORM	KULTURRAUM
Nepenthes neoguinensis	Neuguinea	T	WH
Nepenthes northiana	Borneo	T	WH
Nepenthes paniculata	Neuguinea	T	TH
Nepenthes papuana	Neuguinea	T	WH
Nepenthes pectinata	Sumatra	T	TH
Nepenthes pervillei	Seychellen	T	TH
Nepenthes petiolata	Philippinen	T	WH
Nepenthes pilosa	Borneo	T	TH
Nepenthes rafflesiana	Borneo, Malaysia, Sumatra	T	WH
Nepenthes rajah	Borneo	T	TH
Nepenthes reinwardtiana	Borneo, Malaysia, Molukken, Sumatra	T	WH
Nepenthes rhombicaulis	Sumatra	T	TH
Nepenthes sanguinea	Malaysia	T	TH
Nepenthes singalana	Sumatra	T	TH
Nepenthes sphathulata	Sumatra	T	TH
Nepenthes spectabilis	Sumatra	T	TH
Nepenthes stenophylla	Borneo	T	TH
Nepenthes tentaculata	Borneo, Sulawesi, Neuguinea	T	TH
Nepenthes teysmanniana	Sumatra	T	WH
Nepenthes thorelii	Indochina	T	WH
Nepenthes tobaica	Sumatra	T	TH
Nepenthes tomoriana	Sulawesi	T	WH
Nepenthes treubiana	Neuguinea, Sumatra	T	TH
Nepenthes trichocarpa	Malaysia, Sumatra	T	WH
Nepenthes truncata	Philippinen	T	WH
Nepenthes veitchii	Borneo	T	TH
Nepenthes ventricosa	Philippinen	T	TH
Nepenthes vieillardii	Neukaledonien, Neuguinea	T	TH
Nepenthes villosa	Borneo	T	TH
Pinguicula acuminata	Mexiko	T	TH
Pinguicula agnata	Mexiko	T	TH
Pinguicula albida	Kuba	T	TH
Pinguicula algida	Sibirien	T	F, KH
Pinguicula alpina	Europa, Asien	T	F, KH
Pinguicula antarctica	Chile, Argentinien	T	F, KH
Pinguicula balancia	Balkan	T	F, KH
Pinguicula barbata	Mexiko	T	TH
Pinguicula benedicta	Kuba	T	TH
Pinguicula caerulea	USA	T	TH
Pinguicula calyptrata	Kolumbien, Ecuador	T	TH
Pinguicula casabitoana	Kuba, Dom. Republik	T	TH
Pinguicula chilensis	Chile, Argentinien	T	F, KH
Pinguicula cladophila	Haiti, Dom. Republik	E	WH
Pinguicula clivora	Guatemala		
Pinguicula colimensis	Mexiko	T	TH

ARTEN	HERKUNFT	WUCHSFORM	KULTURRAUM
Pinguicula corsica	Korsika	T	F, KH
Pinguicula crassifolia	Mexiko		
Pinguicula crenatiloba	Mexiko, Zentralafrika	T	TH
Pinguicula crystallina	Türkei, Zypern	T	F, KH
Pinguicula cyclosecta	Mexiko	T	TH
Pinguicula deppertiana	Mexiko		
Pinguicula ehlersiae	Mexiko	T	TH
Pinguicula elongata	Venezuela, Kolumbien	T	TH
Pinguicula emarginata	Mexiko		
Pinguicula esseriana	Mexiko	T	TH
Pinguicula filifolia	Kuba	T	TH
Pinguicula gracilis	Mexiko		
Pinguicula grandiflora	Europa	T	F, KH
Pinguicula gypsicola	Mexiko	T	TH
Pinguicula hemiepiphytia	Mexiko		
Pinguicula heterophylla	Mexiko	T	TH
Pinguicula hintoniorum	Mexiko		
Pinguicula hirtiflora	Südeuropa	T	TH
Pinguicula imitatrix	Mexiko	T	TH
Pinguicula involuta	Peru, Bolivien	T	TH
Pinguicula ionantha	USA	T	TH
Pinguicula jackii	Kuba	T	TH
Pinguicula jammarensis	Mexiko		
Pinguicula jorgehintonie	Mexiko		
Pinguicula kondoi	Mexiko	T	TH
Pinguicula laueana	Mexiko		
Pinguicula leptoceras	Europa	T	F, KH
Pinguicula lignicola	Kuba	E	WH
Pinguicula lilacina	Mexiko	T	TH
Pinguicula longifolia	Europa	T	F, KH
Pinguicula lusitanica	Europa, Nordafrika	T	F, TH
Pinguicula lutea	Nordamerika	T	TH
Pinguicula macroceras	USA, Japan, Sibirien	T	F, KH, TH
Pinguicula macrophylla	Mexiko	T	TH
Pinguicula mexicana	Mexiko, Guatemala, El Salvador	T	F, KH, TH
Pinguicula moranensis	Mexiko	T	TH
Pinguicula nevadensis	Spanien	T	F, KH
Pinguicula oblongiloba	Mexiko	T	TH
Pinguicula orchidioides	Mexiko	T	TH
Pinguicula parvifolia	Mexiko	T	TH
Pinguicula planifolia	USA	T	TH
Pinguicula poldinii	Europa	T	F, KH
Pinguicula potosiensis	Mexiko		
Pinguicula primuliflora	USA	T	TH
Pinguicula pumila	Nordamerika, Bahamas	T	TH
Pinguicula ramosa	Japan	T	F, KH, TH
Pinguicula rectifolia	Mexiko		

ARTEN	HERKUNFT	WUCHSFORM	KULTURRAUM
Pinguicula reticulata	Mexiko		
Pinguicula rotundiflora	Mexiko	T	TH
Pinguicula sharpii	Mexiko	T	TH
Pinguicula sibirica	Sibirien	T	F, KH
Pinguicula sphathulata	Sibirien	T	F, KH
Pinguicula takakii	Mexiko		
Pinguicula utricularioides	Mexiko		
Pinguicula vallisneriifolia	Spanien	T	F, TH
Pinguicula variegata	Sibirien	T	F, KH
Pinguicula villosa	Nordrussland, Mandschurei, Kanada, Skandinavien, Nordkorea	T	F, KH
Pinguicula vulgaris	Europa, Japan, Nordamerika, Mexiko	T	F, TH
Pinguicula zecheri	Mexiko	T	TH
Polypompholyx multifida	Australien	T	TH
Polypompholyx tenella	Australien	T	TH
Sarracenia alata	USA	T	KH
Sarracenia flava	USA	T	F, KH
Sarracenia leucophylla	USA	T	KH
Sarracenia minor	USA	T	F, KH
Sarracenia oreophila	USA	T	F, KH
Sarracenia psittacina	USA	T	KH
Sarracenia purpurea	USA, Kanada	T	F, KH
Sarracenia rubra	USA	T	F, KH
Triphyophyllum peltatum	Afrika	T	WH
Utricularia adenantha	Belize		
Utricularia adpressa	Zentral- und Südamerika		
Utricularia affinis	Indien		
Utricularia alata	Indien		
Utricularia albiflora	Nordaustralien	T	WH
Utricularia albina	Malaysia		
Utricularia albocaerulea	Indien		
Utricularia alpina	Trop. Amerika, Antillen	(E ?)	WH
Utricularia alutacea	Guayana		
Utricularia amazonasana	Venezuela		
Utricularia amethystina	Brasilien	T	WH
Utricularia amoena	Brasilien		
Utricularia andicola	Mexiko		
Utricularia andongensis	Afrika	T	WH
Utricularia angulosa	Guayana		
Utricularia angustifolia	Surinam		
Utricularia anomala	Brasilien		

ARTEN	HERKUNFT	WUCHSFORM	KULTURRAUM
Utricularia antennifera	Westaustralien		
Utricularia appendiculata	Trop. Afrika, Madagaskar	T	WH
Utricularia arcuata	Indien		
Utricularia arenaria	Trop. Afrika, Madagaskar	T	WH
Utricularia arenicola	Guayana		
Utricularia arnhemica	Nordaustralien		
Utricularia asplundii	Ecuador, Kolumbien, Venezuela		
Utricularia aurea	Trop. Asien, Australien, Japan	A	A
Utricularia aureola	Honduras, Belize		
Utricularia aureolimba	Venezuela		
Utricularia aureomaculata	Venezuela		
Utricularia australis	Asien, Australien, Japan, Europa, Afrika, Neuseeland	A	A
Utricularia ayacuchae	Venezuela		
Utricularia baldwinii	Brasilien		
Utricularia baoulensis	Trop. Afrika, Madagaskar, Indien, Australien, Philippinen	T	WH
Utricularia barbata	Australien	T	WH
Utricularia beanghelohei	Südostautralien		
Utricularia benjaminiana	Trop. Afrika, Madagaskar, Guayana, Brasilien	A	A
Utricularia benthamii	Westaustralien		
Utricularia bicolor	Brasilien		
Utricularia bifida	Trop. Asien, trop. Australien, Japan	T	WH
Utricularia biflora	Taiwan	A	A
Utricularia biloba	Australien	T	WH
Utricularia biovularioides	Brasilien		
Utricularia bisquamata	Madagaskar, Süd- und Südwestafrika	T	KH
Utricularia blanchetti	Brasilien		
Utricularia bolivarana	Venezuela		
Utricularia bosminifera	Thailand		
Utricularia botecudorum	Brasilien		
Utricularia brachiata	Himalaya		
Utricularia bracteata	Trop. Afrika	T	WH
Utricularia bramadensis	Brasilien		
Utricularia brevilabis	Burma		
Utricularia breviscapa	Kuba, Guayana, Brasilien		
Utricularia buntigiana	Venezuela		
Utricularia caerulea	Indien bis Australien, Japan	T	WH
Utricularia calumpitensis	Philippinen		
Utricularia calycifida	Guayana, Venezuela, Surinam	T	WH
Utricularia campbelliana	Guayana, Venezuela		
Utricularia canacorum	Neukaledonien		
Utricularia capensis	Trop. Afrika, Madagaskar	T	WH
Utricularia capilliflora	Australien	T	WH

ARTEN	HERKUNFT	WUCHSFORM	KULTURRAUM
Utricularia cavalerii	China		
Utricularia cearana	Brasilien		
Utricularia cecilii	Indien		
Utricularia ceratophylloides	Australien	A	A
Utricularia cheiranthos	Nordaustralien		
Utricularia chiribiquetensis	Kolumbien, Venezuela		
Utricularia choristotheca	Surinam		
Utricularia christopherie	Nepal		
Utricularia chrysantha	Nordaustralien, Neuguinea	T	WH
Utricularia circumvoluta	Nordaustralien		
Utricularia clandestina	Nordamerika		
Utricularia coccinea	Trop. Amerika		
Utricularia coerulea	Indien		
Utricularia colensoi	Neuseeland		
Utricularia colorata	Brasilien		
Utricularia concinna	Guayana		
Utricularia corynephora	Thailand, Birma		
Utricularia cornuta	Nordamerika, Bahamas, Kuba	T	TH
Utricularia costata	Venezuela, Brasilien		
Utricularia cucullata	Brasilien		
Utricularia cuspidata	Venezuela		
Utricularia cutleri	Brasilien		
Utricularia cymbantha	Trop. Afrika, Madagaskar	A	A
Utricularia delicatula	Neuseeland		
Utricularia delphinoides	Indochina		
Utricularia determannii	Surinam		
Utricularia dichotoma	Ostaustralien	T	WH
Utricularia dimorphanta	Japan		
Utricularia dunlopii	Nordaustralien		
Utricularia dunstanii	Nordaustralien		
Utricularia endresii	Costa Rica	E (?)	WH
Utricularia erectiflora	Brasilien		
Utricularia exoleta	Naher Osten	A	A
Utricularia fimbriata	Venezuela	T	WH
Utricularia firmula	Trop. Afrika, Madagaskar	T	WH
Utricularia fistulosa	Westaustralien		
Utricularia foliosa	Trop. Afrika, Madagaskar, trop. Amerika	A	A
Utricularia forrestii	China, Birma		
Utricularia foveolata	Trop. Afrika, Madagaskar, Indien, Philippinen, Australien		
Utricularia fulva	Nordaustralien	T	WH
Utricularia furcellata	Himalaya		
Utricularia garettii	Thailand		
Utricularia geminiloba	Brasilien		
Utricularia geminiscopa	Nordöstliche USA		
Utricularia geoffrayi	Indochina		

ARTEN	HERKUNFT	WUCHSFORM	KULTURRAUM
Utricularia georgei	Westaustralien		
Utricularia gibba	Pankontinental	A	A
Utricularia graminifolia	Indien bis Neuguinea		
Utricularia guyanensis	Guayana, Trinidad, Belize		
Utricularia hamiltonii	Nordaustralien	T	WH
Utricularia helix	Westaustralien		
Utricularia heterochroma	Venezuela		
Utricularia heterosepala	Philippinen		
Utricularia hintonii	Mexiko		
Utricularia hirta	Indien, Thailand, Indochina, Australien		
Utricularia hispida	Belize bis Brasilien, Trinidad, Guatemala		
Utricularia humboldtii	Guayana, Venezuela	E	WH
Utricularia huntii	Brasilien		
Utricularia hydrocarpa	Kuba bis Brasilien	A	A
Utricularia inaequalis	Südwestaustralien		
Utricularia incisa	Kuba		
Utricularia inflata	Nordamerika	A	A
Utricularia inflexa	Trop. Afrika, Madagaskar, Komoren, Mauritius, trop. Asien, Nordamerika	A	A
Utricularia intermedia	Asien, Europa, Nordamerika	A	A
Utricularia involvens	Malaiische Halbinsel, Birma, Thailand		
Utricularia jamesoniana	Zentral- und Südamerika, Antillen	E	WH
Utricularia juncea	Nord- bis Südamerika, Antillen	T	TH
Utricularia kamienskii	Nordwestaustralien	T	WH
Utricularia kenneallyi	Nordwestaustralien		
Utricularia kimberleyensis	Nordwestaustralien	T	WH
Utricularia kumaoensis	Himalaya		
Utricularia laciniata	Brasilien		
Utricularia lasiocaulis	Nordwestaustralien	T	TH
Utricularia lateriflora	Ostaustralien	T	TH
Utricularia laxa	Brasilien, Kolumbien, Paraguay, Argentinien		
Utricularia lazulina	Indien		
Utricularia leptoplectra	Nordaustralien		
Utricularia leptorhyncha	Nordaustralien	T	TH
Utricularia letestui	Zentralafrika		
Utricularia limosa	Nordaustralien, Malaysia	T	TH
Utricularia livida	Südafrika, Madagaskar, Mexiko	T	WH
Utricularia lloydii	Süd- und Zentralamerika	T	WH
Utricularia longeciliata	USA, Antillen, Guayana, Brasilien		
Utricularia longifolia	Brasilien	E (?)	WH

ARTEN	HERKUNFT	WUCHSFORM	KULTURRAUM
Utricularia macrocheilos	Trop. Westafrika		
Utricularia macrorhiza	Nordamerika, Ostasien		
Utricularia malabarica	Indien		
Utricularia mannii	Trop. Afrika	E	WH
Utricularia menziesii	Südwestaustralien	T	WH
Utricularia meyeri	Brasilien		
Utricularia microcalyx	Trop. Afrika		
Utricularia micropetala	Trop. Afrika	T	WH
Utricularia minor	Europa, Asien, Nordamerika, Japan	A	A
Utricularia mirabilis	Venezuela		
Utricularia modesta	Brasilien		
Utricularia monanthos	Tasmanien, Neuseeland	T	TH
Utricularia moniliforma	Sri Lanka		
Utricularia muelleri	Nordaustralien, Neuguinea		
Utricularia multicaulus	Himalaya		
Utricularia multifida	Südwestaustralien		
Utricularia myriocist	Brasilien		
Utricularia nana	Brasilien, Surinam, Venezuela, Kolumbien, Guayana	T	WH
Utricularia naviculata	Brasilien, Venezuela		
Utricularia nelumbifolia	Brasilien	E	WH
Utricularia neottioides	Brasilien, Kolumbien, Venezuela, Bolivien		
Utricularia nephrophylla	Brasilien	E	WH
Utricularia nervosa	Kolumbien, Venezuela, Brasilien, Paraguay, Argentinien		
Utricularia nigrescens	Brasilien		
Utricularia novae-zelandiae	Neuseeland	T	TH
Utricularia ochrolenca	Europa, Nordwestaustralien		
Utricularia odontosepala	Trop. Afrika		
Utricularia odorata	Kambodscha		
Utricularia olivacea	USA, Kuba, Brasilien, Guayana, Venezuela	A	A
Utricularia oliverana	Venezuela, Kolumbien		
Utricularia panamensis	Panama		
Utricularia parthenopipes	Brasilien		
Utricularia pentadactyla	Trop. Afrika	T	WH
Utricularia peranomala	China		
Utricularia perversa	Mexiko		
Utricularia petersoniae	Mexiko		
Utricularia physoceras	Brasilien		
Utricularia pierrei	Indochina		
Utricularia platensis	Argentinien, Brasilien, Paraguay, Uruguay		
Utricularia pobeguinii	Trop. Afrika		
Utricularia poconensis	Brasilien, Argentinien		

ARTEN	HERKUNFT	WUCHSFORM	KULTURRAUM
Utricularia podadena	Südl. Afrika	T	TH
Utricularia polygaloides	Indien		
Utricularia praelonga	Brasilien, Paraguay, Argentinien		
Utricularia praeterita	Indien	T	WH
Utricularia praetermissa	Zentralamerika, Kolumbien		
Utricularia prehensilis	Madagaskar, Südl. Afrika	T	TH
Utricularia pubesceus	Trop. Afrika, Indien		
Utricularia pulchra	Neuguinea		
Utricularia pumila	Nordamerika		
Utricularia punctata	Birma, Malaysia		
Utricularia purpurea	Nordamerika, Kuba, Belize, Guatemala	A	A
Utricularia purpureocaerulea	Brasilien		
Utricularia pusilla	Trop. Amerika, Antillen	T	WH
Utricularia quelchii	Guayana, Venezuela	T	TH
Utricularia quinquedentata	Australien		
Utricularia radiata	Nordamerika	A	A
Utricularia raynalii	Trop. Afrika		
Utricularia recta	Bhutan, Indien, China		
Utricularia reflexa	Trop. Afrika, Madagaskar	A	A
Utricularia regnellii	Brasilien		
Utricularia reniformis	Brasilien	E	WH
Utricularia resupinata	Nord- bis Südamerika	T	TH
Utricularia reticulata	Indien, Sri Lanka		
Utricularia rhododactylos	Australien		
Utricularia rigida	Trop. Ostafrika	A	A
Utricularia salwinensi	Südchina		
Utricularia sandwithii	Guayana, Surinam, Venezuela		
Utricularia saudersoni	Trop. Afrika	T	WH
Utricularia scandens	Trop. Afrika, Australien, Indien, Madagaskar	T	WH
Utricularia schultesii	Kolumbien, Venzuela		
Utricularia siakujiiensis	Japan		
Utricularia simplex	Südwestaustralien	T	TH
Utricularia simulaus	USA bis Brasilien, trop. Afrika		
Utricularia singeriana	Nordaustralien	T	TH
Utricularia smithiana	Indien		
Utricularia spiralis	Trop. Afrika	T	WH
Utricularia spruceana	Brasilien		
Utricularia squamosa	Nepal		
Utricularia steenisii	Sumatra		
Utricularia stellaris	Trop. südl. Afrika, Madagaskar, trop. Asien, Australien		
Utricularia steyermarkii	Venezuela		
Utricularia striata	Nordamerika		
Utricularia striatula	Trop. Afrika, trop. Asien, Neuguinea	E	WH

ARTEN	HERKUNFT	WUCHSFORM	KULTURRAUM
Utricularia stygia	Europa, Nordamerika		
Utricularia subulata	Nord- bis Südamerika, Afrika, Madagaskar, Thailand, Borneo	T	TH
Utricularia tenella	Australien		
Utricularia tenuissima	Guayana, Venezuela, Brasilien, Trinidad		
Utricularia terrae-reginae	Australien		
Utricularia tetraloba	Guinea, Sierra Leone	A	A
Utricularia tortilis	Trop. Afrika		
Utricularia trichophylla	Trop. Amerika		
Utricularia tricolor	Brasilien, Venezuela, Kolumbien, Paraguay	T	WH
Utricularia tridactyle	Westaustralien		
Utricularia tridentata	Brasilien, Uruguay, Argentinien		
Utricularia triflora	Nordaustralien		
Utricularia triloba	Brasilien		
Utricularia troupinii	Ruanda, Burundi		
Utricularia tubulata	Nordaustralien	A	A
Utricularia uliginosa	Indien, Australien, Japan	T	TH
Utricularia uniflora	Ostaustralien		
Utricularia vaga	Kuba		
Utricularia violacea	Australien	T	TH
Utricularia viscosa	Brasilien, Venezuela, Trinidad, Guayana		
Utricularia vitellina	Malaiische Halbinsel		
Utricularia volubilis	Südwestaustralien	T	TH
Utricularia vulgaris	Europa, Afrika, Asien, Nordamerika	A	A
Utricularia warburgii	China		
Utricularia warmingii	Brasilien		
Utricularia welwitchii	Trop. Afrika	T	WH
Utricularia westonii	Australien		
Utricularia wightiana	Nepal		

Annotierte Literaturliste (Auswahl)

* Nur noch antiquarisch zu erwerben

Baffray, M., Brice, F., Danton, Ph. & Tournier, J.-P. (1989)*
Nature et culture des plantes carnivores
Aix-en-Provence, C.-Y. Chaudereille.
Ein sehr gutes Einsteigerbuch, mit knapper, aber prägnanter Information über Geschichte, Wissenschaft und Kultur.

Carow, Thomas & Fürst, Ruedi (2000)
Fleischfressende Pflanzen – Artenübersicht – Kultur – Vermehrung
Eine „bessere Verkaufsbroschüre": Die Information ist äußerst dürftig. Die wenigen wissenschaftlichen Angaben sind nicht immer nachzuvollziehen.

Cheers, Gordon (1983)*
Carnivorous Plants
Diamond Creek (Victoria, Australien), Eigenverlag des Autors.
Die Angaben zur Systematik und weitere wissenschaftliche Aspekte sind oft nur schwer nachzuvollziehen: Informationsgehalt gering.

Juniper, B. E., Robins, R. J. & Joel, D. M. (1989)*
The Carnivorous Plants
London, Academic Press Ltd.
Das wohl derzeit beste professionelle Werk über karnivore Pflanzen. Das Buch ist rein wissenschaftlich und sehr schwierig zu lesen. Mit Ausnahme der Kultur behandelt es ungefähr alles, was die karnivoren Pflanzen anbelangt, von der Entdeckungsgeschichte bis zu den detailliertesten, interzellulären, physiologischen Vorgängen. Nur für den versierten Fachmann mit sehr guten Englischkenntnissen.

Lecoufle, Marcel (1989)*
Comment choisir et cultiver vos plantes carnivores – Paris, Bordas.
Ein hervorragendes Einsteigerwerk von einem berühmten französischen Gärtner. Als Kauf- und Kulturberatung für den Anfänger gedacht. Erhebt keinerlei Anspruch auf Vollständigkeit. Sehr gut bebildert.

Lowrie, Allen (1987/1989/1998)*
Carnivorous Plants of Australia
Nedlands – West Australia, University of Western Australia Press.
Offensichtlich ist eine Gesamtdarstellung aller australischen karnivoren Pflanzen geplant. Bisher liegen die ersten drei Bände vor, die sich nur mit *Drosera*-Arten befassen. Die Abhandlungen sind ziemlich umfangreich und jede Art ist mit einer ganzseitigen Schwarzweißzeichnung illustriert. Nicht abgeschlossen. Geeignet für den Spezialisten.

Nothhelfer, Ingo (ohne Datum)
*Fleischfressende Pflanzen – Insektivoren**
Spreyer, Eigenverlag des Autors.
Der Text, sowohl was Beschreibung der Pflanzen als auch deren Kultur anbelangt, ist wenig ergiebig und weist fachliche Mängel auf.

Pietropaolo, James & Patricia (1986)
Carnivorous Plants of the World
Portland (Oregon, USA), Timber Press.
Ein Buch von einem Gärtnerehepaar, das die notwendigen Informationen für den Kauf und die Kultur von Pflanzen beim Hobby-Anfang vermittelt. Ein Amateurbuch mit einigen interessanten Informationen.

Schnell, Donald E. (1976)*
Carnivorous Plants of the United States and Canada
Winston-Salem (North Carolina, USA), J. F. Blair.
Eine sehr gute, allgemein gehaltene Abhandlung über die in den USA beheimateten fleischfressenden Pflanzen, geschrieben von einem Mediziner, der mit Fug und Recht als versierter Hobby-Botaniker gilt. Einen Schwachpunkt stellen jedoch die wissenschaftlichen Angaben dar.

Slack, Adrian (1985)*
Karnivoren – Biologie und Kultur der insektenfangenden Pflanzen
Stuttgart, Eugen Ulmer.
Das Originalwerk, das 1981 in Dorset, England erschien, ist eines der besten Amateurwerke über dieses Fachgebiet. Abgesehen von einigen zweifelhaften Interpretationen hat Herr Slack eine ziemlich vollständige und informationsreiche Abhandlung für den Pflanzenliebhaber abgeliefert.

Register

Danksagung

Der Autor dankt aufrichtig Frau Gisela Nothe (Rektorin a. D.) die das ganze Manuskript überarbeitete und wichtige Verbesserungen und Anregungen brachte. Auch danke ich Gertrud Schluckebier, die einen Teil des Manuskriptes Korrektur gelesen hat. Dank gebührt Herrn Dr. T. Neudecker, Herrn Dr. J. Fowlie, Herrn Roland Kalb, Herrn M. Lecoufle, Herrn E. Maier und Herrn U. Wedemeyer für das Bereitstellen von Bildmaterial. Besonderer Dank gebührt Frau Elisabeth Jansen für die Erstellung der Zeichnungen. Dem Verlag, und insbesondere Frau Gabriele Lauermann danke ich für die kritische und konstruktive Zusammenarbeit.
Dem Verlag, und insbesondere Herrn Wolfgang Funke danke ich für die Zusammenarbeit.
Ganz besonders aber danke ich meiner Ehefrau, Gudrun, die seit nunmehr vielen Jahren meine Arbeiten durch Liebe und Ermutigung erst möglich macht. Ihr sei dieses Buch gewidmet.